CUERAS DE SANGRE. LA EXPEDICIÓN DE PEDRO DE VILLASUR.

José Enrique López Jiménez

Título: "Cueras de Sangre." La Expedición de Pedro de Villasur.
Copyright © 2016, José Enrique López Jiménez
1ª Edición.
ISBN-13: 978-84-608-7727-1
Impreso en España / Printed in Spain
Queda rigurosamente prohibida, sin autorización escrita del titular del Copyright, bajo las sanciones establecidas en las leyes, la reproducción total y/o parcial de esta obra por cualquier medio o procedimiento.
Todos los derechos reservados / All rights reserved.

A mis padres, Carmen y José.
Y a mis hermanos, María del Carmen y Juan Antonio.

ÍNDICE

INTRODUCCIÓN 1
PRÓLOGO 7
Capítulo 1: HOSTIS AD PORTAS...21
Capítulo 2: PREPARANDO LA MARCHA 33
Capítulo 3: EL ITINERARIO 39
Capítulo 4: EL DIARIO DE FELIPE TAMARIZ 51
Capítulo 5: EL ATAQUE... 63
Capítulo 6: DESPUÉS DE LA TRAGEDIA................................ 85
Capítulo 7: INVESTIGACIÓN Y JUICIO A VALVERDE..................... 95
Capítulo 8: REPRESENTACIÓN DE LA BATALLA. SEGESSER II .137
Capítulo 9: LA PRESENCIA FRANCESA...147
EPÍLOGO 153
BIBLIOGRAFÍA..159

A la memoria de los soldados españoles, que a lo largo de los siglos, lucharon y murieron defendiendo lo que un día fue el inmenso Imperio Español. Y en especial, a los que perdieron la vida protegiendo nuestros antiguos territorios en los Estados Unidos.

El Autor.

INTRODUCCIÓN

Durante mi formación académica, siendo yo muy joven hace ya muchos años (Dios mío cómo pasa el tiempo), asistí a una conferencia en la que el ponente explicaba a la audiencia cómo los españoles tenemos la "sana" costumbre de fustigarnos con nuestro pasado. Él recordaba lo que diría un inglés al hablar del ahorcamiento de 15.000 irlandeses llevado a cabo por Oliver Cromwell,[1] el verdugo de Carlos I, tras la revuelta de 1641 en la "Isla Esmeralda". "¡Ah, qué inteligente fue Lord Protector, qué bien supo terminar con el problema irlandés!"

Sin embargo, nosotros volvemos la mirada a nuestra historia con recelo, como si tuviésemos que expiar algún pecado oculto cometido por nuestros ancestros y cumplir la penitencia. Una mortificación que se ha estancado a lo largo de los siglos y parece no tener fin. Y si hay un periodo histórico por el que creemos que debemos apretar el cilicio, ese es sin duda el de la conquista, colonización y exploración del Nuevo Mundo. Las gestas españolas han sido relegadas, vilipendiadas y la mayoría de las veces tergiversadas. Los conquistadores españoles son vistos como "aves de rapiña" hambrientas de

---

[1] Miembro del parlamento se sublevó contra el rey Carlos I al que decapitó y convirtió a Inglaterra en una república. Tras el asesinato se erigió en dictador con el pomposo título de "Lord Protector de la Mancomunidad de Inglaterra, Escocia e Irlanda."

oro mientras que a los colonizadores de otros países europeos se les recuerda como auténticos héroes que con sus hazañas en otros continentes engrandecieron el nombre de sus naciones. Basta volver la mirada a lo que hicieron británicos, holandeses, franceses y portugueses en Asia, o estos mismos junto a alemanes, italianos y belgas en África, o el paso de nuestros vecinos de la península Ibérica por Brasil (y así podríamos continuar y llenar páginas y páginas sobre las supuestas "glorias europeas") para comprender que la "expiación" de antiguos pecados debería alcanzar a todos los llamados "Estados civilizados" que cometieron tropelías en épocas pretéritas. Pero a diferencia de éstos, los españoles no se expandieron por el mundo con la idea de la superioridad del hombre blanco, ni marginaron a otros seres humanos por el diferente color de piel, sino muy al contrario, trataron de asimilarlos a su cultura, religión o modo de vida. Además, se les permitió ocupar puestos en la administración, alcanzar los más altos empleos de la jerarquía militar, algunos fueron ennoblecidos y lo que es más importante, los españoles cruzaron su sangre con la de los indígenas, dando lugar a uno de los rasgos más característicos la presencia española en América, el mestizaje.

"Cuando las universidades de América daban rectores a las universidades de España; cuando de las colonias españolas salían arzobispos, obispos, consejeros de Estado, embajadores, ministros, virreyes, generales, de mar y tierra, y magistrados para la metrópoli, y cuando las ciencias eran más extensamente aplicadas a las artes en América que en Europa, no se puede comprender la audacia de los que declaman contra España y lamentan la ignorancia y el atraso de los hijos de América."[2]

---

[2] Gelpi y Ferro, Gil. Estudios Sobre la América. Tomo II. Parte 3ª. Capítulo XIX. Pág. 118. La Habana. 1870.

Por supuesto que hubo enfrentamientos, implícitos a toda conquista, e incluso se cometieron muchos excesos, pero los archivos españoles están llenos de juicios y causas abiertas contra los funcionarios reales que perpetraron todas esas iniquidades y que constituyen una prueba irrefutable de la diferente concepción que tenía la corona española de cómo debía ser su comportamiento con los indios, de la que podían tener otras potencias colonizadoras.

"Lo único que se conservó; lo único, que a los ojos de estos grandes ingenios mereció pasar a la posteridad fueron los abusos cometidos por unos cuantos individuos contra los indígenas de determinadas comarcas, no de todas en los primeros tiempos de la colonización, cuando todavía no había organizado la metrópoli aquellos territorios, ni había podido someter a su autoridad ni exigir el cumplimiento de las leyes por ella dictadas a los que tan lejos se encontraban de su radio de acción. Para hacer resaltar estas extralimitaciones y estos abusos, estas crueldades y estas explotaciones ocurridas durante los primeros cuarenta años de la conquista, se prescindió en absoluto de la inmensa y admirable labor de misioneros y jurisconsultos, de virreyes y de capitanes, cuyos nombres merecerían estar grabados de indeleble manera en la memoria de todos los españoles no más porque al lado de ellos resultan microscópicas las tan decantadas figuras de los colonizadores de otras razas."[3]

A pesar de todo lo anterior, hemos encumbrado las exageraciones del vesánico Bartolomé de las Casas (en su delirio paranoico llegó a comparar el canibalismo de los aztecas y de otros pueblos amerindios con la eucaristía cristiana), quizá el principal valedor de quienes pretendieron arrojar a España al foso de la intransigencia y olvidamos por ejemplo que los calvinistas puritanos que pusieron el pie en la costa

---

[3] Juderías, Julián. La Leyenda Negra de España. (Reedición del Clásico publicado en 1914). Pág. 294. La Esfera de los Libros. España. 2014.

norteamericana huían de las persecuciones religiosas en Inglaterra, hemos creído teorías tan peregrinas como la de que en España se abrieron las cárceles para enviar a los presos a poblar el recién descubierto continente por Colón, cuando el país que creó las colonias prisión fue Gran Bretaña, hemos asumido que la inquisición fue un invento español no obstante creada por bula papal y aplicada por primera vez en el sur de Francia y en el norte de Italia, y sobre todo, nos hemos sentido culpables por la expulsión de los judíos, que fueron desterrados prácticamente de toda Europa y en muchos casos perseguidos y asesinados.

Si como hemos dicho nuestra gesta americana ha sido ensombrecida y ocultada durante años, ese olvido se torna en menosprecio cuando nos referimos a las que fueron provincias españolas en los actuales Estados Unidos. Para los alumnos norteamericanos (y qué decir para los españoles) su parte de historia española es totalmente desconocida y su estudio se reduce a unos pocos eruditos y a limitados círculos universitarios. Pero por mucho que pese a los historiadores anglosajones, hasta el 2055, una gran parte del territorio estadounidense habrá sido más tiempo español que nación independiente.

"No solamente fueron los españoles los primeros conquistadores del Nuevo Mundo, y sus primeros colonizadores, sino también sus primeros civilizadores. Ellos construyeron las primeras ciudades, abrieron las primeras iglesias, escuelas y universidades; montaron las primeras imprentas y publicaron los primeros libros; escribieron los primeros diccionarios, historias y geografías, y trajeron los primeros misioneros; y antes de que en Nueva Inglaterra[4] hubiese un verdadero periódico, ya ellos habían hecho un ensayo en Méjico."[5]

Mucho antes de que los ingleses fundaran Jamestown, su primera urbe en Americana del Norte, los españoles se habían establecido en Florida y Nuevo México y dominaban grandes extensiones de terreno de los presentes Estados Unidos. Habían explorado Texas, Colorado, Arizona, California y habían llegado hasta Alaska. Antes de que Hollywood nos saturara con sus famosas películas del oeste y atribuyera la conquista del mismo a los famosos cowboys, los españoles habían recorrido todos aquellos enclaves, habían descubierto y nombrado ríos, desiertos, montañas, valles, fundado ciudades y conducido grandes manadas, precedente de lo que harían siglos más tarde los afamados vaqueros. Y no sólo en el aspecto geográfico fuimos los primeros. También en el etnológico. Las grandes tribus indias: Comanches, Apaches (Cuartelejos, Faraones, Jicarillas, Flechas, Palomas, etc.), Navajos, Pueblos y un largo etc., deben sus nombres a los españoles. Fuimos los primeros que firmamos tratados (que siempre respetamos) con los indígenas, en difundir entre ellos nuestra cultura y en tratar de ganarlos para la fe católica sin practicar una política de aniquilamiento.

"…Hemos de dar crédito a los pioneros españoles que nunca adoptaron el dudoso expediente de sus sucesores ingleses y norteamericanos: el exterminio."[6]

---

[4] Es la denominación con la que se conoce la región de los Estados Unidos localizada en el noreste del país que abarca varios estados norteamericanos. Su nombre proviene del lugar geográfico en el que se asentaron los primeros peregrinos del Mayflower en 1620.

[5] Lummis, Charles F. Los Exploradores Españoles del Siglo XVI. Pág. 20. Editorial Araluce. Barcelona. 1922.

[6] B. Thomas, Alfred. After Coronado. Spanish Exploration Northeast. Pág. 22. Norman University of Oklahoma Press. Second Edition. Estados Unidos. 1966.

Y para realizar toda esta ingente labor, para defender estos inmensos espacios de millones de kilómetros cuadrados, España construyó una serie de fortines llamados presidios y sólo contó con unos pocos centenares de hombres que formaron una de las unidades de caballería más olvidada y puede que la más sufrida que haya tenido nunca el Ejército Español: los legendarios "Dragones de Cuera". Nombre genérico con el que eran conocidos los Soldados de Presidio (o soldados "presidiales" según la terminología de la época) por el abrigo largo sin mangas que vestían confeccionado con varias capas de cuero, que les protegían de las flechas de los indios. Estos soldados participaron en multitud de expediciones, lucharon muchas veces con los nativos, se aliaron otras tantas con ellos, y en innumerables ocasiones sacrificaron sus vidas y las de sus familias protegiendo la frontera norte de lo que un día fue el vasto Imperio Español.

Este libro trata sobre una de esas expediciones, la trágica expedición a Nebraska de Pedro de Villasur, en la que un puñado de dragones de cuera, fieles a las órdenes recibidas, cayeron en el cumplimiento del deber.

Y así forjaron su leyenda…

PRÓLOGO

Desde que Oñate tomara posesión de Nuevo México el 30 de abril de 1598, la afluencia de colonos, soldados y frailes fue continua en la siguiente centuria. Aunque con algunos conatos de rebelión y oposición por parte de los indios, la cruz y la espada iban ganando terreno y muchos nativos aceptaron sin cortapisas la nueva cultura que les embebía. Incluso algunos indígenas percibieron la llegada de los europeos como un rayo de esperanza para protegerse de otras tribus más indómitas que los asesinaban, saqueaban y esclavizaban. Por su parte, las autoridades españolas vieron en la firma de tratados con diversas naciones indias una forma de conseguir nuevos aliados para la defensa de tan colosales áreas. Pero la torpeza de determinados funcionarios y la intransigencia de algunos religiosos, que tachaban de brujería las milenarias creencias aborígenes, unidas a dos décadas de sequía que comenzaron en 1660, ocasionando la pérdida de las cosechas acompañada de hambre, muerte y desolación a las que se sumaron las razias de Navajos, Apaches y otras etnias para hacerse con el escaso alimento que había, provocaron la revuelta de los indios Pueblos en 1680, que a punto estuvo de terminar con la presencia española en Nuevo México.

La falta de respuesta de los gobiernos españoles y la desesperación de los nativos, para quienes el cristianismo no aportaba soluciones a la carencia de agua y el consiguiente estiaje, llevó a muchos indígenas a volver la mirada a sus antiguos credos abandonados hacía algunos lustros. Este resurgimiento religioso indigenista escandalizó a los frailes más intolerantes que obligaron a las autoridades locales a reprimir con dureza lo que consideraban supercherías maléficas. En 1675 fueron arrestados cuatro chamanes por prácticas hechiceras de los que tres terminaron en la horca y un cuarto se suicidó en la cárcel. Otros 43 fueron azotados en la plaza pública acusados de rebeldía y nigromancia. La tensa situación continuaría creciendo con el paso de los años hasta que en 1680, Popé, uno de los chamanes flagelados cinco años atrás, logró unir a la mayor parte de las tribus Pueblos. El levantamiento comenzó el 10 de agosto, un día antes de lo previsto, porque los españoles, advertidos por indios contrarios a la insurrección, iniciaron los preparativos para la defensa. Pero aunque prevenidos, los europeos no sospechaban la magnitud de la sublevación. Los Pueblos atacaron granjas, pequeñas poblaciones y las incipientes colonias españolas, asesinando y matando sin piedad, torturando previamente a sus víctimas, no sólo a religiosos y soldados, sino a ancianos, mujeres y niños. Los que consiguieron sobrevivir huyeron a Santa Fe y a los poblados nativos que no se unieron al alzamiento. Unos 1500 colonos confluyeron finalmente en uno de estos poblados, Isleta, del que posteriormente escaparon hacia El Paso. Santa Fe fue cercada, sus habitantes y los refugiados defendieron la ciudad desde los edificios oficiales. El gobernador Antonio Otermín resistió heroicamente siendo varias veces herido. El 21 de agosto, sin esperanza de recibir refuerzos, Otermín pudo romper el cerco y marchar también con el resto de supervivientes hacia El Paso, a unos 500 kilómetros en dirección Sur. Más de 400 almas, entre soldados y civiles, sucumbieron en la agresión. En menos de dos semanas, la centenaria presencia española en Nuevo México había desaparecido.

Durante doce años los Pueblos vivieron de forma independiente (salvo los que siguieron siendo cristianos y leales a la corona) como lo habían hecho durante generaciones. En 1691 llegó a El Paso don Diego de Vargas, el nuevo gobernador para un territorio que España ya no controlaba. Un año más tarde organizó una expedición para reconquistar la región perdida y el éxito fue rotundo. Casi sin enfrentamientos, con diplomacia, ganándose otra vez a antiguos indios levantiscos para la causa de España, en apenas cuatro meses obtuvo la lealtad de muchas comunidades nativas. Pero en aquella ocasión los españoles no permanecieron en la zona. Cuando en 1693 Vargas regresó con centenares de colonos y soldados para quedarse, la respuesta de los indígenas no fue tan amistosa y la conquista de Santa Fe tuvo que hacerse por la fuerza de las armas. En seis meses, y con la ayuda de los Pueblos aliados, Vargas recuperó prácticamente todo el territorio neomexicano.

La de Vargas no sería la última de las expediciones. Por diversos motivos como veremos a continuación, diferentes empresas recorrieron el país. La aparición de una nueva tribu, los Comanches, que junto a grupos de Apaches (como los Faraones) que al contrario de los Apaches Jicarillas, Carlanas y Cuartelejos, no aceptaban la invasión del hombre blanco, inquietó a los dirigentes españoles. Navajos, Comanches y Apaches renegados asolaban los poblados de los indios pacíficos arrasando cosechas y esclavizando a mujeres y niños. A todo esto se unieron los rumores de asentamientos franceses en comarcas que España reclamaba como propias.

Hacia finales de 1696, un nuevo intento de rebelión de algunas tribus de los Pueblos (Taos y Picuris) forzó a Vargas a preparar una nueva expedición. Los insurrectos se negaban a aceptar la autoridad del veterano gobernador y huyeron hacia el Este. Vargas y sus soldados salieron en persecución de los fugitivos, capturaron a un indio Tao quien los guio hasta donde estaban el resto de fugados y después de un ligero enfrentamiento, apresaron a uno de los jefes Picuris y a unos cuantos de sus seguidores. Otros tantos y sus familias consiguieron escapar. El gobernador consideró que la rápida victoria obtenida era suficiente para disuadir a los Pueblos de cualquier intento de revuelta y decidió regresar. Sin embargo, dos días más tarde, un significativo número de hombres, mujeres y niños nativos se presentaron en el campamento de los españoles y se rindieron. Vargas los recibió con amabilidad y ordenó a sus hombres que repartieran la comida con los recién llegados. Éstos informaron a Vargas que el jefe de los Picuris, cuyo nombre cristiano era Lorenzo (don Lorenzo), había huido a territorio Apache. Vargas había cumplido con éxito su misión pero aportó poco al conocimiento de los parajes aún inexplorados.[7] Diez años más tarde, los españoles tuvieron noticias de que don Lorenzo era esclavo de los Apaches Cuartelejo en la frontera Este de lo que hoy es el estado de Colorado.

En junio de 1706, el gobernador de Nuevo México (Vargas había muerto en 1704) don Francisco Cuervo y Valdés,[8] recibió un mensaje del capitán Félix Martínez, alcalde mayor de San Jerónimo de los Taos, solicitándole la liberación de don Lorenzo y los Picuris que aún quedaban subyugados por los Apaches.

Cuervo convocó a su junta de guerra (órgano consultivo compuesto por los oficiales más destacados) que aprobó la

---

[7] Vargas, Gobernador Diego de. Diario de Campaña en la persecución de los rebeldes Picuris, 1696. *Citado en* B. Thomas, Alfred. After Coronado. Spanish Exploration Northeast. Págs. 53-59. Norman University of Oklahoma Press. Second Edition. Estados Unidos. 1966.

[8] Asturiano de nacimiento, Cuervo y Valdés fue el fundador de Albuquerque, actualmente la ciudad más grande de Nuevo México, en la que una estatua ecuestre le recuerda.

petición de Martínez y nombró al sargento mayor[9] Juan de Uribarri para que comandara la expedición que debía rescatar a don Lorenzo y a su gente. Uribarri con 28 soldados, 12 voluntarios de la milicia[10] y 100 indios aliados de diferentes tribus Pueblo partieron de Santa Fe el martes 13 de julio. Entre los voluntarios iban el indio mestizo José Naranjo, jefe de exploradores y un francés oficial de la milicia llamado Jean de L'Archévèque. Ambos serían protagonistas de la futura expedición de Villasur. L'Archévèque nació en Bayona (Francia) en 1671. Con tan sólo 14 años participó con el explorador galo Cavelier de La Salle en la ocupación de territorio tejano que pertenecía a España. Las penurias que padecieron los hombres de La Salle en el frustrado intento de colonización del sur de Texas, provocaron un motín que terminó con el asesinato del propio La Salle en 1687. L'Archévèque fue uno de los que participó en el crimen. El capitán Alonso de León fue enviado para que confirmara la presencia de los franceses y los expulsara llegado el caso. Encontró a cuatro supervivientes de los hombres de La Salle en 1689. Uno era Jean de L'Archévèque que fue deportado a México y posteriormente a España. Estuvo 24 meses en territorio peninsular para volver ulteriormente a Nuevo México convertido en fiel servidor de la corona. Con el paso de los años se casó, se convirtió en un rico hacendado y llegó a oficial de la milicia española.

Tras su marcha de Santa Fe, Uribarri pasó por el poblado Picuri de San Lorenzo y arribó a Taos dos días más tarde. En Taos los indios le informaron de que Utes y Comanches estaban preparando un ataque. El asalto no se produjo y

---

[9] A comienzos del siglo XVIII esta graduación estaba dentro de la categoría de oficial. A veces se confundía entre el cargo que se ocupaba y el empleo militar propiamente dicho. Como grado militar podría asemejarse a un comandante o teniente coronel en los ejércitos contemporáneos.

[10] En la documentación consultada "vecinos milicianos".

Uribarri siguió camino hacia Santo Domingo de El Cuartelejo. Después de hacer decenas de kilómetros atravesando ríos, montañas y valles y contactar con algunos poblados indios, el sargento mayor se presentó en El Cuartelejo el 4 de agosto. Al contrario de lo que pudiera parecer, los Apaches recibieron cordialmente a los españoles, aunque éstos venían con la intención de recuperar a los Picuris cautivos. La liberación de 62 esclavos (incluido don Lorenzo) no gustó a los Apaches, pero ni aun así hubo enfrentamiento con las tropas de Uribarri. El oficial español trató con cortesía a don Lorenzo como correspondía a su rango y los Picuris fueron devueltos a su poblado. Los Apaches por su parte "invitaron" a Uribarri a que les acompañara en la campaña que tenían preparada contra los Pawnees y otros hombres blancos asentados más al Norte. Por las armas que los Apaches habían arrebatado a los Pawnees en los encuentros que habían tenido, los españoles identificaron como franceses a los hombres blancos de los que hablaban los Apaches. Además, supieron que hacía cuatro días que los Apaches habían matado a un hombre blanco (un francés) y a la mujer que le acompañaba (puede que una nativa) al que arrebataron su arma y otros pertrechos que mostraron a Uribarri. Los Pawnees penetraban en los poblados Apaches y robaban a niños y mujeres para venderlos como esclavos a otras tribus. Uribarri declinó la invitación y decidió volver a Santa Fe para informar a sus superiores. Los detalles de la expedición fueron recogidos en el diario de la misma.[11] Su importancia radica en la cantidad de datos que ofrece sobre la localización de diferentes tribus y en que es la primera vez que la presencia de franceses al Norte de Nuevo México fue descrita en un informe oficial.

---

[11] Uribarri, Juan. Diario de la Expedición a El Cuartelejo, 1706. *Citado en* B. Thomas, Alfred. Op. Cit. Págs. 59-77.

"... [12]y que esta pobre mujer estaba preñada, y de ella era la cabellera y no del hombre, que estaba pelón, y que al llegar a la dicha ranchería me enseñarían los referidos despojos. Y con estas y las demás buenas razones que se le dieron a entender de nuestra ida y el fin a que se destinaba, dejamos el paraje de San Ignacio, que así le puse. Son unos esteros muy grandes, amenos y de mucha fertilidad. Hay en ellos mucho pescado, así bagre como mojaras, camarones y muchas almejas y otros géneros de pesca.

Martes, día tres, salimos de dicho paraje de San Ignacio, que hay hasta el del Ojo de Nuestra Señora del Buen Suceso ocho leguas; y acompañado del dicho capitán Apache, caminamos, parte al oriente y parte al mediodía como diez leguas y llegamos al Ojito de San Miguel, que está antes de llegar a la dicha ranchería de Tachichichi, de donde nos salieron a recibir todos los Apaches de ella, sacándonos mucha carne de cíbola y elotes [maíz] y mostrando grande regocijo y gozo de vernos en su tierra. Y de esta forma llegamos a dicha ranchería, y a poco rato vinieron algunos Apaches de la ranchería grande, y con ellos tres Picuris, los dos que estaban con don Lorenzo y el uno de los que yo había enviado a prevenir antes a dicho don Lorenzo, de parte de quien me enviaba muchos y entre muchas cosas que le preguntamos y nos preguntó, nos dijo que haría cuatro días que en la ranchería grande habían bailado [sic] la cabellera de un hombre blanco que habían matado, a quien le habían quitado una escopeta larga, un cazo, una montera aforrada en encarnado, la pólvora que llevaba, y que asimismo habían matado a una mujer que iba con este hombre blanco, a quien ellos tienen por franceses, de lo que han oído de decir a nosotros, agradecimientos y recaudos, diciéndome estaban muy contentos todos, así los Picuris que se hallaban con él como los Apaches y demás gente, de quienes bien me podía confiar. Este día todo fue hablar de paces y del buen trato con que deseábamos correspondernos con dichos Apaches, y a ellos se les fue todo en ponderar la enemiga que tienen con las naciones bárbaras de los

---

[12] Aunque se han modificado algunos vocablos para facilitar su comprensión, se ha mantenido el estilo literario del texto original.

Pananas[13] y Jumanes; y asimismo me dieron la misma noticia de haber muerto cuatro días había al hombre blanco, que ellos llaman francés, y a la mujer, concertando con la misma relación de lo antecedente, y asegurándome no se ejecutarían [sic] de enseñarme la escopeta larga y demás despojos. Mandé llamar a esta ranchería Nuestra Señora de los Ángeles de Porsiuncula."[14]

Como las razias de Comanches, Navajos, Utes y Apaches renegados no finalizaban, nuevas empresas tuvieron lugar en años venideros. En 1702 el gobernador Francisco Cuervo lideró 100 hombres contra los Navajos, quienes para evitar represalias acordaron rápidamente con aquél poner término a sus fechorías, si bien las reiniciaron tres años más tarde, en 1705. En esta ocasión, Cuervo envió a su maestre de campo Roque de Madrid quien infligió una severa derrota a los indios. Empero, los Navajos eran un pueblo difícil de doblegar. En 1714, una vez más de Madrid los venció contando para ello con unos 300 hombres entre soldados y fuerzas de la milicia.

No sólo los Navajos fueron un "calvario" para los sucesivos gobernadores españoles. Los Apaches Faraones eran otra de las tribus guerreras que ayermaban las tierras de los Taos y Picuris. En 1715 el gobernador Juan Ignacio Flores Mogollón congregó a su junta de guerra y llamó a los jefes de los Taos y Picuris, don Jerónimo y don Lorenzo respectivamente, para que presentaran sus quejas. Deliberado el asunto, ordenó al capitán Juan Páez Hurtado que actuara contra los Faraones y protegiera a los Taos y Picuris de sus enemigos Apaches. Hurtado reunió 36 soldados presidiales, 21 voluntarios de la milicia (los oficiales iban acompañados de

---

[13] Nombre con el que los españoles denominaban a los Pawnees.
[14] Uribarri, Juan. Diario de la Expedición a El Cuartelejo, 1706. *Citado en* B. Thomas, Alfred. Op. Cit. Págs. 67-68.

sirvientes) y 149 indios Pueblo de distintas localidades.[15] El jefe de los exploradores volvía a ser Naranjo. Treinta y seis mulas y 239 caballos completaban la columna. Muchos de estos expedicionarios siguieron a Villasur en 1720. Hurtado abandonó Santa Fe el 28 de Agosto, llegó al poblado de los Picuris y dos días más tarde partió en dirección Este por la ribera del río Mora. En el trayecto se topó con un grupo de 30 Apaches Jicarillas y un indio Cuartelejo que se unieron al séquito. Marchó a continuación hacia el Sureste, alcanzó el río Colorado (actual río Canadiense, afluente del río Arkansas) y durante diez días siguió la corriente para tener agua y pasto abundante. La columna recorrió más de cuatrocientos kilómetros y aunque localizó algunas rancherías Apaches, no encontró a los Faraones. Transcurridos 18 días de viaje, Hurtado tomó la decisión de regresar a Santa Fe donde apareció el 30 de septiembre sin ningún accidente reseñable.

En 1717 empezaba la Guerra de la Cuádruple Alianza, un conflicto bélico que enfrentó a España con una coalición formada por el Sacro Imperio Romano Germánico, Francia, el Reino Unido de Gran Bretaña y las Provincias Unidas de los Países Bajos (la Cuádruple Alianza). El virrey de Nueva España y especialmente los dirigentes de la provincia de Nuevo México temían una invasión francesa por el Norte desde Canadá. A esta preocupación se unían las criminales incursiones de Comanches y Utes además de las peticiones de los franciscanos de los poblados atacados de los Jicarillas, Taos y Cuartelejos pidiendo ayuda y protección para sus neófitos cristianos. En 1719 el gobernador don Antonio Valverde y Cosío lanzó una operación de castigo contra Comanches y Utes ordenada por el virrey don Baltasar de Zúñiga Guzmán, marqués de Valero, con el objetivo de atender las solicitudes

---

[15] Páez Hurtado, Juan. Diario de la Campaña contra los Apaches Faraones, 1715. *Citado en* B. Thomas, Alfred. Op. Cit. Págs. 94-98.

de auxilio de los religiosos y comprobar si había presencia francesa en el Noreste de Nuevo México. La campaña comenzó el 15 de septiembre de 1719. Para la misma, Valverde contó con 60 soldados presidiales, 45 vecinos voluntarios (milicias) a los que hubo que aprovisionar de cueras y armamento y 465 indios que se le unieron en Taos. Previamente, el 13 de Agosto, Valverde había mantenido una reunión con su junta de guerra para concretar los planes de la campaña y decidir si en la declaración de guerra se incluía a los Utes. No hubo duda en esta cuestión puesto que las noticias que llegaban de los Taos aseguraban que los Utes participaban en los saqueos.

Valverde se encaminó hacia Taos donde se "alistaron" los nativos mencionados anteriormente y desde aquí, el 20 de septiembre, se dirigió hacia el Este. El despliegue de la columna era el habitual de las tropas españolas en la frontera neomexicana. El grupo se dividía en dos partes separadas por los animales de carga y el ganado (ovejas y vacas) que se llevaban como alimento. En el primer grupo iban los dragones de cuera (soldados presidiales) y los voluntarios de la milicia y en el segundo grupo los indios aliados. En ambos flancos se situaban exploradores para dar la alarma si fuera necesario. En vanguardia iba un pequeño destacamento de soldados con el que marchaba Valverde y a retaguardia se colocaba otra patrulla para dar protección. Los Apaches Jicarillas que los europeos encontraron durante el trayecto los recibieron con alegría, esperanzados de terminar con las criminales correrías de Comanches y Utes. Los indígenas les relataron los asesinatos, robos y secuestros de mujeres y niños cometidos por sus eternos enemigos y pidieron a Valverde unirse a la expedición. El gobernador aceptó la propuesta y cien Jicarillas engrosaron la fuerza.

El diario de Valverde[16] ofrece valiosa información sobre cómo era la vida de los Apaches. Durante generaciones habían sido nómadas cazadores pero muchos habían comenzado a construir casas de adobe, rudimentarios sistemas de regadío y a sembrar cosechas de maíz adoptando una vida sedentaria.

Al igual que Hurtado, Valverde siguió el río Colorado. En el camino se le unieron también Apaches Carlanas con su jefe, deseosos de vengar las humillaciones que habían recibido de los Comanches. El 28 de septiembre la caravana viró hacia el Norte, hacia el río Arkansas. Alcanzado el río, giraron otra vez hacia el Este, siguiendo el margen de la rivera. El 7 de Octubre, los españoles tropezaron con un campamento Comanche abandonado del que estimaron que más de 1000 nativos lo habían ocupado. El jefe Carlana aconsejó a Valverde no continuar más lejos porque se arriesgaba a no encontrar agua ni forraje para los animales y después de consultar a su junta de guerra, el gobernador resolvió regresar. Mientras las tropas descansaban y preparaban el retorno se presentaron en el campamento diez Apaches Cuartelejos anunciando a Valverde la llegada de más de 1000 indígenas (hombres, mujeres y niños) entre Apaches Cuartelejos, Palomas y Calchufines que querían conocerle. Acamparon cerca de los europeos sin que se produjera ningún roce con los expedicionarios. Los recién llegados comunicaron a Valverde que se habían enfrentado días atrás con los Pawnees y que uno de los guerreros de los Apaches Paloma había sido herido por un disparo realizado por un francés. Además, le previnieron que los franceses estaban levantando dos ciudades en territorio Pawnee, en las inmediaciones de dos ríos, uno de los cuales era conocido por nuestros compatriotas y había sido bautizado como Jesús y María. Prueba irrefutable para Valverde de que

---

[16] Valverde y Cosío, Gobernador Antonio. Diario de la Campaña contra las Naciones Ute y Comanche, 1719. *Citado en* B. Thomas, Alfred. Op. Cit. Págs. 110-133.

Francia pretendía invadir Nuevo México (el informe sobre las dos ciudades se demostró falso, quizás los indios sólo le dijeron rumores que habían oído o puede que buscaran una mayor implicación de España en la salvaguardia de sus tierras indefensas ante las invasiones de los Pawnees).

[17]"El día 22 del referido mes, habiendo tenido el señor gobernador la noticia de que uno de los capitanes Apaches de aquella ranchería tenía una herida que al parecer era algún balazo, para informarse de ello ordenó al teniente Francisco Montes Vigil se lo trajese a su presencia, lo cual ejecutó, y habiendo venido dicho capitán con otros muchos indios de su nación, le preguntó, reconocida la herida, quien se la había dado y con qué lo habían herido. Respondió que hallándose con su gente allá en su tierra, que es más adentro de El Cuartelejo, últimos términos de los Apaches, se arrojaron de emboscada los franceses unidos con las naciones Pananas y Jumanas; que actualmente estaban sembrando maíz, y que puestos en defensa pelearon, y entonces le dieron aquella herida, que todavía la estaba purgando. Teníala en la barriga, aunque soslayada. Asimismo dijo dicho el Apache que a no haberles cogido la noche, con que pudieron escaparse, no hubiera quedado ninguno de su ranchería, que les han quitado su [de los Paloma] tierra y apoderádose de ella, que desde aquel entonces acá han hecho dichos franceses dos pueblos tan grandes cada uno como el de Taos, y en ellos viven juntos con dichos indios Pananas y Jumanas, que a éstos les han dado escopetas largas y los han enseñado a tirar, que con una de éstas le hirieron, que traen asimismo unas escopetas chiquitas colgadas en la cintura, y que al tiempo de la refriega dichos Apaches les habían dicho que avisarían a sus amigos los españoles para que los defendiesen, y que los franceses respondieron que se holgaban mucho de que los avisasen y llevasen allá, que eran unas mujeres "criconas" [sic] (palabras son estas y otras que suelen usar los indios, aunque bárbaros, para incitar a la ira), que todos estos estaban vestidos de colorado que les han hecho mucho daño en haberles quitado sus tierras, que cada día vienen acercándose más, causa que les ha movido

---

[17] Ver nota 12.

a dichos Apaches el venirse metiendo hasta este río abajo para poder pasar y vivir seguros de dichos enemigos. Asimismo añadieron el decir tener dichos franceses otras tres poblaciones de la otra banda del río grande y que de éstas traen armas y lo demás que se ofrece a las que nuevamente han fabricado, que esto lo saben porque se lo han dicho algunas mujeres de su nación que hallándose cautivas entre dichos franceses en las ocasiones que han tenido guerra, se han huido y vuelto con sus parientes.

A todo esto referido estuvo dicho señor gobernador con toda atención por lo mucho que importa al real servicio y determinó, luego que llegase a paraje competente, a dar noticia al excelentísimo señor virrey de esta Nueva España, obedeciendo en esto a superior mandamiento."[18]

Valverde prometió a los Apaches la protección del rey de España y les dijo que volvería con más soldados para destruir las ciudades francesas y ayudarles en la guerra con sus enemigos. Se desconoce con exactitud cuándo Valverde alcanzó Santa Fe, pero es más que probable que lo hiciera la última semana de noviembre habiendo transitado casi 1500 kilómetros.

---

[18] Valverde y Cosío, Gobernador Antonio. *Diario de la Campaña contra las Naciones Ute y Comanche*, 1719. *Citado en* B. Thomas, Alfred. Op. Cit. Pág. 132.

Capítulo 1
HOSTIS AD PORTAS[19]

El 30 de Noviembre de 1719, Valverde notificaba al virrey Valero los informes obtenidos de los Apaches y especialmente del guerrero herido de la tribu Paloma. La Guerra de la Cuádruple Alianza continuaba en Europa y Valero tenía orden de Madrid de proteger la frontera Norte de Nueva España y evitar cualquier desembarco enemigo en territorio americano. Al mismo tiempo, el gobernador de Nuevo Vizcaya, don Manuel de Santa Cruz, advertía al virrey en carta fechada también el 30 de noviembre, de la poca disciplina de las tropas en la provincia, de la falta de preparación y de la escasez de equipo y solicitaba el envío urgente de 500 mosquetes, pólvora, munición y varios sargentos de instrucción para adiestrar a los soldados. Once días más tarde, en un nuevo escrito, Santa Cruz informaba a Valero de que 600 franceses estaban a setenta horas de marcha de Santa Fe y que indios aliados de España les habían hecho frente (noticias sin confirmar y basadas en rumores que asustaron al gobernador). Acompañaba la carta una petición de otros 500 mosquetes, 1000 bayonetas, 500 pistolas y 500 lanzas. Valero dio por buenas estas revelaciones, escuchó a su consejo de guerra el 2 de enero y el día 10 comunicaba a

---

[19] Enemigo a las puertas. Cuando el ejército romano fue derrotado por Aníbal en Cannas, el grito de alarma que se escuchó en toda Roma fue "Aníbal ad portas."

Valverde su parecer. La misiva fue recibida por éste el 4 de marzo cuando en Europa se había firmado el Tratado de La Haya (17 de febrero de 1720) que ponía fin a las hostilidades. Evidentemente este acuerdo no se conocería en América hasta pasadas varias semanas. No obstante, la rúbrica del tratado no significaba el final de las preocupaciones para el virrey y sus gobernadores ya que en cualquier momento Francia podía traicioneramente romper la tregua e invadir Nuevo México. Era necesario corroborar la estadía gala en la divisoria norte.

En el mensaje del 10 de Enero, Valero mandaba a Valverde establecer un presidio (fuerte) con 25 hombres y 2 o 3 sacerdotes en El Cuartelejo, a 550 kilómetros de Santa Fe, con la misión de prevenir y rechazar cualquier intrusión francesa y cristianizar a los nativos de la zona. Igualmente disponía que se realizara un reconocimiento del lugar para constatar o desmentir la permanencia enemiga.

Los españoles sabían de las intenciones galas desde que el explorador y militar franco canadiense Louis Juchereau de Saint Denis había establecido una factoría comercial en las tierras de los Natchitoches en 1712, a unos 150 kilómetros de la confluencia de los ríos Rojo y Misisipi. Un año más tarde, soldados franceses fueron destinados a la factoría para defenderla de un posible ataque hispano. Por esas mismas fechas, Saint Denis apareció en San Juan Bautista, a orillas del río Grande, lo que generó la alarma entre los españoles que rápidamente ocuparon Texas.

El 27 de mayo, Valverde respondía al virrey con un despacho en el que expresaba su opinión sobre la construcción de un presidio en El Cuartelejo a la par que le significaba que su segundo en el mando, don Pedro de Villasur, estaba efectuando los preparativos necesarios para cumplir la orden. Para el gobernador, el lugar escogido estaba demasiado lejos de Santa Fe, la capital de la provincia. Además, era una región de Apaches contrarios a la presencia de intrusos, sin apenas bosques para conseguir leña, con ausencia de arroyos para abastecerse de agua y poco forraje para alimentar a los caballos y al ganado. Aun para 50 dragones, sería un lugar extemporáneo. Él proponía establecer el puesto avanzado en la Jicarilla, a escasos 200 kilómetros (40 horas de viaje) en dirección Noreste, donde los indígenas eran más afables y receptivos a la acción misionera de los religiosos (a Valverde le recibieron en una ocasión con la imagen de la Santísima Virgen María), había abundancia de agua y herbaje e incluso planteaba elevar la guarnición a 50 soldados. Indicaba también que convocaría a su junta de guerra para conocer su opinión y trasladarla al virrey tan pronto como fuera posible.

La junta tuvo lugar el 2 de junio y a ella asistieron el capitán de exploradores José Naranjo, el capitán de milicias Jean de L'Archévèque, los capitanes Miguel Tenorio, Sebastián Martín, José Domínguez, Tomás Olguín, Alonso Rael de Aguilar y el teniente Francisco Montes Vigil. Todos enunciaron su preferencia por la Jicarilla y lo inapropiado de El Cuartelejo para el establecimiento de un destacamento de 25 personas.

Transcribimos a continuación parte de las declaraciones de Naranjo, Tenorio, Domínguez, Martín y L'Archévèque (publicadas por el historiador estadounidense Adolph Bandelier en 1890) para que el lector conozca cómo se expresaban los españoles de la primera mitad del siglo XVIII en Nuevo Mexico y cómo trasladaban lo manifestado a documentos oficiales. Las transcripciones van seguidas del texto en español moderno para facilitar su comprensión.

"Junta de Parezeres sobre la Jornada.[20]

- Parezer del Cap^n Joseph Naranjo: ...Y dicho paraje del Quartelexo no es al propositto, no tienen las conuenienzias que nezezitan para poder hazer haziento de Presidio ni poblazon, y estas las tienen solo del Temporal, por la poca agua y ninguna leña de suerte que encogiendo sus Cozechas se retiran de dho puesto...

- Parezer del Cap^n Miguel Thenorio: ... Y que en aquel entonces los Apaches que allí se hallauan Rancheados, les dixeron que asi que lebantauan sus siembras (que estas por lo que se manifiesta son de temporal) se retirauan apartes donde poder resistir al rigor del Inbierno, por la falta de leña que en aquel paraje ay...

- Parezer del Cap^n Joseph Domiguez: ... Del puesto del Quartelexo, lo escazo de Agua de dho Sittio, y ninguna leña, y ser el centro de la Apachería...

- Parezer del Cap^n Seuastian Martin: ... Hallo y reconozio el dho puesto ser muy escaso de aguas, y sin conveniencia alguna de leña...

- Parezer del Cap^n Jean de Archibeqé:[21] ... Que en este Valle en la parte que fuere mas conveniente se sittue el Presidio de los veinte y cinco hombres... Y le seruira de mucho aliuio, assi a este Reino como adquirir noticias con mas facilidad de la Nazion de sus Paizanos los Franzezes..."

- Parecer del Capitán José Naranjo: ...Y dicho paraje de El Cuartelejo no es apropiado, no tiene las condiciones que se necesitan para poder establecer un Presidio con sus pobladores, y estas las tienen [las condiciones] sólo del Temporal [estación de las lluvias], por la poca agua y ninguna leña de suerte que recogiendo sus cosechas [los indios] se retiran de dicho puesto...

---

[20] Bandelier, Adolph Francis Alphonse. Papers of the Archaeological Institute of America, American Series. Vol. V. Contributions to the History of the South-western Portion of the United States. The Expedition of Pedro de Villasur. Págs. 179-206. Edita John Wilson and son. Estados Unidos. 1890.

[21] El nombre del francés Jean de L'Archévèque aparece escrito de múltiples formas en la bibliografía consultada. Ello dependía del escribano que redactaba el correspondiente documento.

- Parecer del Capitán Miguel Tenorio: …Y que en aquel entonces los Apaches que allí se hallaban Rancheados [en rancherías], les dijeron que así que recogían sus siembras (que éstas por lo que se manifiesta son estacionales) se retiraban a lugares donde poder resistir el rigor del invierno, por la falta de leña que en aquel paraje hay…

- Parecer del Capitán José Domínguez: …Del puesto de El Cuartelejo, lo escaso de agua de dicho sitio, y ninguna leña, y ser el centro de la Apachería [poblado o territorio Apache]…

- Parecer del Capitán Sebastián Martín: …Halló y reconoció el dicho puesto ser muy escaso de aguas, y sin conveniencia alguna de leña…

- Parecer del Capitán Jean de L'Archévèque: …Que en este valle [la Jicarilla] en la parte que fuere más conveniente se sitúe el Presidio de los veinticinco hombres… Y le servirá de mucha ayuda a este Reino para adquirir noticias con más facilidad de la nación de sus paisanos los franceses…

"A sus 50 años, don Antonio Valverde y Cosío era un hombre de constitución fuerte. Un burgalés que como otros muchos españoles había emigrado al Nuevo Mundo en busca de fortuna. No le había ido mal en los negocios, pero cuando Vargas le pidió que se le uniera en la campaña de 1693 contra los Pueblos, abandonó su antigua ocupación mercantil para luchar en la guerra donde demostró su valor siendo oficial de la milicia vecinal. Desde que en 1695 recibió el empleo de capitán de las fuerzas presidiales permanecía en el ejército. Le cautivaba la vida militar. Poder pasar muchos días durmiendo bajo la luz de las estrellas y cabalgar por amplios espacios abiertos le traían recuerdos de sus años mozos en los prados de las montañas de Burgos.[22] Si vivieran, sus padres estarían orgullosos de saber que su hijo Antonio era el gobernador de la provincia de Nuevo México. La casaca azul que vestía estaba un tanto descolorida, más de una marcha había contribuido a la decoloración. Sin embargo, aún podía notarse la calidad del paño y cómo resaltaban todavía los un tanto raídos hilos de oro que la adornaban. Aunque gastado, la riqueza del tejido y la confección de la prenda habrían convencido a cualquiera que se encontraba en presencia de un oficial español de alto rango. El calzón amarillo pálido estaba mejor conservado. Era el que alternaba diariamente con otros de corte parecido cuando residía en la casa del gobernador. Las perneras sólo alcanzaban hasta las rodillas donde se unían a los calcetines altos de seda. Era la moda introducida en España por la nueva dinastía borbónica y para ser justos, muchos la preferían a la negra y triste de los Austrias.

Su tez morena y poco cuidada revelaba muchas horas bajo el sol abrasador de Nuevo México. El semblante de preocupación denotaba que algún problema le rondaba la cabeza. El virrey, marqués de Valero, le había ordenado levantar un presidio para 25 hombres en El Cuartelejo y aunque él le había contestado respetuosamente que era mucho mejor construirlo en la Jicarilla, aún no había llegado respuesta de Ciudad de México. Enviar a 25 hombres a 500 kilómetros al Norte de Santa Fe, en medio de la nada, rodeados de indios hostiles, era condenarlos a una muerte segura.

Mientras estaba absorto en sus pensamientos alguien golpeó la puerta de la sala.

---

[22] En la declaración de Valverde incluida en el capítulo 7, éste afirmó ser originario de la región de Villa Presente, en las montañas de Burgos. En el siglo XVIII, casi la práctica totalidad de la Comunidad Cántabra formaba parte del término provincial burgalés. En la actualidad, Villapresente es uno de los doce núcleos de población que configuran el municipio de Reocín en Cantabria.

-Adelante. –Pronunció don Antonio elevando el tono de la voz.

La puerta se entreabrió y apareció uno de sus sirvientes.

-Excelencia, han llegado los capitanes. –Dijo el criado.

-¿Están todos? –Preguntó el gobernador.

-Falta ese capitán mest… -El criado no terminó la frase. Don Antonio le atravesó con la mirada y el sirviente rectificó rápidamente. –Perdonad excelencia. Falta el capitán de exploradores don José Naranjo. –Señaló el lacayo haciendo una ligera reverencia con la cabeza.

Don Antonio no toleraba una falta de respeto hacia ninguno de sus oficiales por mucho que su origen no fuera noble o español. Naranjo era uno de sus mejores soldados y no era mestizo. Era lo que los europeos llamaban zambo. Su padre fue un negro emancipado y su madre una india Hopi.

-Está bien, hazlos pasar. Cuando llegue don José que se incorpore inmediatamente a la reunión.

Uno a uno se presentaron los capitanes. El primero en entrar fue el capitán de milicias Jean de L'Archévèque, un francés leal servidor de la corona. Lo había acreditado en innumerables situaciones. Era un año más joven que don Antonio pero estaba más envejecido. A continuación atravesó la puerta Alonso Rael de Aguilar y detrás de él los capitanes Miguel Tenorio, Sebastián Martín, José Domínguez, Tomás Olguín y el teniente Francisco Montes Vigil. Llevaban puestas sus mejores galas, salvo por el pantalón y la botas de montar todos lucían casacas similares a la de don Antonio. Hasta donde permitían sus soldadas, trataban de conservar alguna prenda ricamente adornada para las grandes ocasiones. Y una llamada del gobernador lo era. Ceñían espada al cinto y en la mano sujetaban un sombrero de tres picos. Cuando Vigil estaba a punto de cerrar la puerta alguien la empujó desde el otro lado. Vigil volvió a abrirla y reconoció a su amigo José Naranjo.

-Disculpad el retraso excelencia. Mi caballo perdió una herradura y no he querido forzar el galope para no dañar la pata.

Naranjo era el peor vestido de todos aunque había tratado de mejorar su aspecto. El sombrero cubierto por el polvo del camino no era el típico tricornio sino el de ala ancha que formaba parte de la uniformidad de los dragones. Muy parecido al que usaban los campesinos en el sur de España, en Andalucía. Aunque como todos tenía el pelo largo, él prefería hacerse una trenza que le llegaba hasta la mitad de la espalda y que anudaba con un lazo negro.

-Está bien Naranjo. Pasad y cerrad la puerta. Supongo que se preguntarán por qué los he convocado a esta junta. –Continuó don Antonio. –Hace tres meses recibí un despacho de su excelencia el virrey ordenándome edificar un fuerte para 25 hombres en El Cuartelejo.

-Pero eso es una locura. –Interrumpió L'Archévèque con un ligero acento francés que delataba su origen a pesar de los 35 años que llevaba viviendo entre españoles.

-Lo sé capitán. Por eso le envié una carta a finales de mayo aconsejando que el presidio se levantara en la Jicarilla y que se doblara la guarnición. Ahora tengo que volver a escribirle comunicándole la opinión de mi consejo de oficiales. Señores, querría saber vuestro parecer. –Terminó de decir don Antonio.

-Yo estoy de acuerdo con el capitán L'Archévèque. –Habló en primer lugar Aguilar. –El Cuartelejo es un desierto Sin agua ni posibilidad de caza. Además, estarían a merced de cientos de salvajes.

Domínguez, el más joven e intrépido dio un paso al frente y de forma contundente señaló.

-Excelencia, El Cuartelejo es un infierno y no sé si son peor las alimañas o los Apaches, pero si vuestra merced necesita un capitán para comandar el nuevo presidio, aquí tiene un voluntario.

-Puede contar con todos nosotros, por supuesto. –Insistieron los demás al unísono.

-Y vos Naranjo, ¿cuál es vuestro parecer?

-El Cuartelejo es la muerte. Sería más prudente construir el Presidio en la Jicarilla. Su excelencia sabe que puede contar conmigo para lo que necesite, pero aunque no sé con certeza mi edad, debo rondar los sesenta, y mis huesos no están para muchos vaivenes. Tengo en mi cuerpo más cicatrices que pelos en la cabeza. Si he de ir al Cuartelejo iré, pero me preocupan más mi esposa y mis siete hijos que mi propia vida y aunque los dos mayores sirven al rey en el ejército, aún me quedan cinco que dependen de mí.

-Gracias Naranjo. Nunca habría dudado de tu valor. -Aclaró don Antonio.

-Excelencia, ¿dónde está el teniente general?[23] ¿No debería también manifestar su opinión? –Preguntó extrañado el capitán Martín.

-Su señoría está ocupado en otros cometidos. El virrey quiere también que se haga un reconocimiento de la zona y don Pedro está atareado preparando la expedición. Tenemos pocos dragones y no me hace ninguna gracia desprenderme durante semanas de casi la mitad de mis mejores hombres. Aún no tengo decidido si comandaré yo el reconocimiento o delegaré en él para que adquiera experiencia. Ya sabéis que su señoría, aunque es una persona muy preparada y lo ha demostrado en todos los cargos que ha ocupado hasta ahora, nunca se ha enfrentado a los indios y no conoce como vosotros la región. –Matizó Valverde. –Bien, si todos estáis de

---

[23] Teniente General era el cargo más importante de la provincia por debajo del gobernador. No era un grado militar. El empleo militar de Villasur era probablemente el de teniente coronel.

acuerdo, le diré al escribano que levante acta y recoja vuestros comentarios. –Finalizó el gobernador."

El 15 de junio Valverde notificaba al virrey Valero la opinión de su junta de oficiales en la que como hemos visto, todos eran de la opinión (al igual que Valverde) de que el presidio se erigiera en la Jicarilla. Asimismo, recordaba lo ordenado inicialmente por el virrey de qué él o su teniente general hiciera un reconocimiento para determinar la presencia de franceses. Este dato será importante en la futura causa que se abrirá contra Valverde.

"Pocos días después de mi llegada aquí, el mensajero de su majestad se presentó y me entregó el referido despacho de su Excelencia. En éste vuestra Excelencia tuvo el honor de mandar que tan pronto como el tiempo fuera oportuno, yo, personalmente, o mi teniente general deberíamos acometer la empresa que le había prometido hacer para reconocer a los franceses en la región en que se encuentren…"[24]

Por otra parte, participaba a Valero de que su teniente General, don Pedro de Villasur, partiría de Santa Fe pasadas 48 horas.

"No puedo dejar de informarle de que el diecisiete del presente mes, en cumplimiento de la orden superior de su Excelencia, mi teniente general saldrá de esta villa con cuarenta soldados de este real presidio y setenta indios[25] confederados[26] de esta jurisdicción para hacer un reconocimiento de los asentamientos que se dice los de la nación francesa

---

[24] B. Thomas, Alfred. Op. Cit. Págs. 161-162. Este texto es una traducción del inglés publicada por Thomas. El autor no ha encontrado el original en español.
[25] En el siguiente capítulo veremos que estos datos no son exactos.
[26] Aliados de España.

han establecido. En cuanto a lo que resulte le informaré, como mi obligación me manda."[27]

Paradojas del destino, el 17 de septiembre, cuando ya se conocía la tragedia, Valverde recibía en Santa Fe la decisión del virrey y de su consejo de que el presidio se situara en la Jicarilla. La mayoría de los oficiales que habían participado en la junta de guerra, que Valverde había convocado en Santa Fe para que expresaran su opinión sobre la construcción de un presidio en el Cuartelejo, estaban muertos.

---

[27] B. Thomas, Alfred. Op. Cit. Pág. 162. Traducido del inglés.

Capítulo 2
PREPARANDO LA MARCHA

Los motivos por los que Valverde delegó la dirección de la expedición en su subordinado nunca quedaron claros. El gobernador alegó en el juicio que tenía otros mandatos y obligaciones que cumplir decretados por el virrey. También arguyó que la orden de Valero le daba libertad para decidir si el reconocimiento lo lideraba él o lo dejaba a cargo de su teniente general.

No se sabe mucho de la biografía de don Pedro de Villasur. De mediana edad cuando asumió el mando de las tropas que debían encontrar a los franceses, es probable que naciera en Valladolid en el seno de una familia noble. Se cree que viajó a América como secretario de José de Omaña y Osorio, fiscal de la Inquisición de México. Alistado en el ejército, fue alférez del Real Presidio de El Paso y capitán del mismo; alcalde mayor y capitán de guerra de la ciudad de Santa Bárbara en la provincia de Nueva Vizcaya; visitador de El Rosario y su jurisdicción; alcalde mayor y capitán de guerra de la fortaleza y minas de Cosaguriache y alcalde mayor y capitán de guerra de la villa de Chiguagua. En 1719, alcanzado el grado de teniente coronel, era teniente gobernador de Nuevo México. Debió ser un eficaz gestor como muestran los diferentes cargos ocupados, pero no tenía ninguna experiencia en la guerra con los indios. Hombre de maneras refinadas, a su equipaje de marcha añadió platos, vasos y cubiertos de plata junto a un candelabro, un tintero y un salero de análogo metal.

Al contrario que Oñate, que entró en Nuevo México con numerosos carros y abundantes reses en 1598, Villasur utilizó únicamente mulas de carga para transportar todo el bagaje. A Oñate le siguieron más de mil personas entre religiosos franciscanos, colonos e indios mexicanos y se valió de unos 80 carromatos y siete mil cabezas de ganado. El grupo de Villasur tampoco tenía nada que ver con el de aquél. Oñate iba como colonizador y Villasur en una misión de reconocimiento. A don Pedro le acompañaron cuarenta y dos dragones de cuera (muchos de ellos veteranos de las expediciones de Ulibarri y Valverde), tres voluntarios de la milicia, sesenta indios (la mayoría Pueblos) aliados o confederados según el vocabulario del siglo XVIII, Jean L'Archévèque que actuaría como intérprete, el capitán José Naranjo, jefe de exploradores, y un religioso, el padre Juan Mínguez. Uno de los indios, sirviente del capitán Cristóbal de la Serna (otro de los expedicionarios), era un joven Pawnee llamado Sistaca, que había sido capturado por los Apaches siendo un niño y vendido como esclavo. Un total de 109 individuos. El número formado por 42 soldados era casi la mitad de las tropas de Santa Fe que era como decir la mitad de la fuerza de Nuevo México.

Aparte de los suministros necesarios, se añadió a la carga maíz, cuchillos, tabaco, y otros utensilios para regalar a los indios con los que se toparan en el trayecto.

Los nativos iban ataviados con sus propios ropajes, armados con lanzas, arcos y flechas, pero sin armas de fuego. Desde la revuelta de 1680, los españoles eran reacios a suministrar armamento a los nativos. Los franceses, sin embargo, usaban las armas como un medio para mejorar las relaciones con los indígenas y ganarse su amistad. Una estrategia que permitió a Pawnees y Comanches adquirir un gran número de armas de fuego. A los vecinos de la milicia se les proporcionó cueras, mosquetes y monturas. Los fusiles y pistolas se concentraron por tanto en manos de soldados y voluntarios.

Las armas que llevaban los miembros de la expedición eran de distintas clases. No hay mucha información sobre las armas de fuego esgrimidas por los soldados españoles en Nuevo México en la primera mitad del siglo XVIII, aunque la gran mayoría habrían sido mosquetes de llave de chispa asistida por pedernal. Los mosquetes de chispa españoles eran visualmente diferentes de sus homólogos europeos debido a su característico diseño. Concretamente por la diferente traza de la culata. No obstante, es posible que también portaran armas inglesas o de otras nacionalidades, productos del contrabando o compras ilegales. Cuando el gobernador de Nueva Vizcaya solicitó armas al virrey como mencionamos en el capítulo anterior, específicamente señalaba que "tanto sus soldados como los colonos utilizaban armas similares a las de los franceses e ingleses. Los mosquetes de tres cuartos de calibre deberían prohibirse porque carecen de utilidad. Como dije en mi anterior carta no son mejores que las flechas de los indios debido a su pequeño calibre y alcance".[28]

Los dragones, además, portaban cuchillos y espadas. La daga estilete para el combate a pie y espadas con empuñadura de taza. Las tropas a caballo preferían los sables de hoja ancha que carecían de la empuñadura de taza y los hacían más apropiados para golpear desde la montura que para estocar. La lanza con punta de doble filo también formaba parte del equipo.

El uso de la armadura y la malla metálica había caído en desuso, y tanto los nativos americanos como los soldados profesionales españoles confiaban en la cuera (abrigo de cuero sin mangas que se extendía hasta la mitad del muslo) como

---

[28] B. Thomas, Alfred. Op. Cit. Pág. 147. Traducción del inglés.

medio de protección. La cuera estaba confeccionada con un mínimo de cuatro y un máximo de siete capas de cuero de bisonte, vaca o ciervo. Era particularmente eficaz contra las flechas, que se clavaban en ella, evitando que alcanzaran la piel de quien la llevaba. Evidentemente contra las balas eran ineficaces pero ayudaban a que la herida fuera menos grave por su poder de retención del proyectil. Los soldados españoles se servían igualmente de escudos hechos de varias capas de piel de vaca, la tradicional adarga introducida por los árabes en España. Tenía forma ovalada con un pequeño corte o entrante en la parte superior para facilitar la visión y otro corte similar en la parte inferior, lo que le daba su característico aspecto acorazonado. Sobre ella se dibujaban los blasones de castilla o el escudo real y con el paso de los años el color de fondo identificaba a las diversas unidades presidiales.

El uniforme de los dragones en 1720 era ya muy parecido al establecido por la regulación de 1772:

"El vestuario de los soldados de presidio ha de ser uniforme en todos, y constará de una chupa corta de tripe,[29] o paño azul, con una pequeña vuelta y collarín encarnado, calzón de tripe azul, capa de paño del mismo color, cartuchera, cuera y bandolera de gamuza, en la forma que actualmente las usan, y en la bandolera bordado el nombre del presidio, para que se distingan unos de otros, corbatín negro, sombrero, zapatos y botines."

No obstante, en la primera mitad del siglo XVIII todavía no se había producido la homogeneidad en todas las prendas y había soldados cuyas chaquetillas o chupas eran encarnadas. El pantalón solía ser bombacho y se protegían las pantorrillas con polainas de cuero a modo de grebas. La cabeza la cubrían con un sombrero de ala ancha de fieltro negro y muchos soldados antes de ponerse el sombrero, se colocaban sobre la testa un

---

[29] Tejido recio parecido al terciopelo.

pañuelo anudado en la nuca para recoger el sudor. Era también común entre la tropa llevar el pelo largo, pero se hacían una trenza que caía sobre la espalda.

Es seguro que durante la marcha, Villasur encabezara el despliegue con un pequeño destacamento y que a retaguardia y flancos ubicase patrullas para protección y exploración. El grueso de la fuerza iría dividido en dos partes, la primera formada por los dragones y voluntarios y la segunda por los indios aliados. Ambas separadas por los animales de carga y el ganado.

Lo normal es que cada soldado acarreara varios caballos de refresco para ir cambiando de montura y no agotar a los equinos. No todos los nativos tenían cabalgaduras. Incluso muchos colonos carecían de la misma y había que proporcionárselas cuando se unían a la milicia.

"-Señoría, os he confiado esta misión porque importantes asuntos exigen mi presencia en Santa Fe. –Dijo don Antonio a su acicalado teniente general. –Sé que no tenéis experiencia en la guerra contra los indios pero estoy seguro que podré descansar en vos y que seréis digno de la confianza que deposito en vuestra merced. –Continuó solemne el gobernador.

El pelo largo y negro caía sobre los hombros de don Pedro. Se notaba que acababa de arreglárselo y unas suaves ondulaciones del cabello remataban el final de la melena. La barba recortada, casi puntiaguda, manifestaba un gusto exquisito y una constante preocupación por cuidar su aspecto. Estrenaba la casaca roja engalanada con hilos de oro que había encargado en Ciudad de México. Las fibras del preciado metal brillaban como si hubiesen sido recientemente pulidas. El encaje de la camisa interior sobresalía por los puños como exigían los cánones modales del momento. El pantalón asimismo era bermellón pero más oscuro. Una chorrera blanca asomaba por el cuello abierto de la casaca. Si de algo no podía dudar Valverde, era que su segundo en el mando sabía vestir.

-Excelencia, podéis estar seguro que no os defraudaré. Buscaré a esos franceses allá donde se encuentren e informaré rápidamente a vuestra excelencia para satisfacer los requerimientos del gobierno de su católica majestad. –Respondió Villasur con finas maneras que revelaban su distinguida educación y procedencia noble.

-¿Habéis preparado todo lo necesario?

-Todo está listo.

-Con vuestra merced van mis mejores capitanes. Confiad en ellos y tened en cuenta su opinión. Son buenos soldados que han servido siempre al rey con honor. Incluso el capitán L'Archévèque, a pesar de su origen francés, es un hombre de mi total confianza y leal a España y os será muy útil cuando contactéis con sus antiguos connacionales. –Aclaró don Antonio. -Recordad que ahora estamos en paz con Francia y la menor chispa puede hacer estallar la pólvora. –Cuando lleguéis a la Jicarilla, solicitad ayuda al jefe Carlana. Os proporcionará guías que os serán muy útiles cuando alcancéis la región de los grandes ríos.

-Lo haré excelencia.

-¿Al final será el padre Juan Mínguez quien os acompañe? –Preguntó una vez más Valverde.

-Don Juan se ha presentado voluntario. Muestra más entusiasmo que un mozalbete de 15 años. –Respondió Villasur.

-Es un buen hombre. Siempre afable y comprensivo con los indios. Nunca le he visto discutir con nadie. -Señaló don Antonio. -Partid pues con Dios y regresad sano y salvo.

El teniente general hizo una leve inclinación con la cabeza. El gobernador menos protocolario, se acercó a él y mientras le agarraba afectuosamente el brazo derecho, le estrechó con fuerza la mano."

Capítulo 3
EL ITINERARIO

La expedición partió de Santa Fe a mediados de junio. No se sabe con certeza cuál fue su itinerario. Uno de los principales motivos es que se desconoce el emplazamiento exacto de El Cuartelejo. Inicialmente debió seguir la misma ruta que Uribarri y Valverde. Tras abandonar Santa Fe, se dirigió hacia el Norte, pasó por Taos, la Jicarilla (donde se le unió el Jefe Carlana con algunos guerreros que actuaron como guías por su territorio) y cruzó el río Arkansas. Pasado el río, el grupo marchó hacia El Cuartelejo. La importancia de la ubicación de El Cuartelejo radica en que dependiendo de su situación, el lugar de la batalla, que ocurrió en el estado de Nebraska, es diferente. Para algunos autores, los que inicialmente estudiaron el periplo de Villasur, El Cuartelejo estaba al Este del actual estado de Colorado. Sin embargo, una mayoría de investigadores, tras análisis posteriores de toda la documentación conservada, lo colocan al Oeste del presente estado de Kansas. Esto es importante tenerlo en cuenta porque sabemos que la emboscada aconteció en lo que hoy sería el estado de Nebraska en la confluencia de dos ríos llamados por los españoles uno Jesús y María y el otro San Lorenzo.

Si el poblado Apache de El Cuartelejo se encontraba al Este de Colorado, los expedicionarios se encaminaron hacia el Norte, descansaron en el campamento indio y continuaron su camino hasta el río Platte Sur. Para los hispanos el río Jesús y María. El Platte Sur es un afluente del río Platte que nace en las montañas Rocosas y discurre por la parte central de las Grandes Llanuras. El tramo del Platte que fluye desde las montañas hasta su encuentro con el Platte Sur se le denomina Platte Norte. A veces Platte Norte y Platte Sur son considerados fuentes del Platte. Otros geógrafos llaman Platte a todo el río incluyendo el ramal Norte y tratan al Platte Sur como un afluente del anterior. Para nuestros compatriotas el Platte Norte habría sido el río San Lorenzo.

Si El Cuartelejo se hallaba al Oeste de Kansas, Villasur y sus hombres atravesaron el Arkansas, cabalgaron hacia el Noreste, luego hacia el Este y llegaron a El Cuartelejo emplazado en el vigente condado Scott. Desde aquí orientarían su camino hacia el Norte hasta el Platte (río Jesús y María) en algún punto a unos 200 kilómetros al Este de la anterior propuesta (Platte Sur). El río Loup, afluente del Platte en su vertiente Norte, sería el río San Lorenzo.

En cualquier caso, los dragones habrían recorrido casi 1300 kilómetros hasta alcanzar Nebraska. Ninguna otra expedición anterior había llegado tan al Norte, prácticamente el centro geográfico de los Estados Unidos.

"La columna de jinetes, caballos, ganado e indios era muy larga. Casi ocupaba en su totalidad la calle principal de Santa Fe. El magnífico caballo alazán de don Pedro cabriolaba bajo las hábiles piernas de su amo. Villasur estaba orgulloso de que su excelencia el gobernador le hubiera escogido para aquella misión. Todos sus destinos, en ocasiones complicados, habían sido de carácter burocrático. Ahora marchaba hacia lo desconocido, hasta regiones donde nunca antes habían "puesto el pie" otros españoles.

-Don José, comprobad la disposición de la columna. Que los exploradores vayan abriendo camino. –Ordenó al capitán Naranjo un pletórico Villasur.

-Como disponga vuestra excelencia. Cumpliré con lo ordenado inmediatamente. –Afirmó el servicial capitán de exploradores.

Naranjo picó espuelas y trotó hasta el final de la formación para comprobar la disposición de la retaguardia. Aunque sabía perfectamente lo que tenía qué hacer, comprendió que don Pedro era "nuevo" en estas lides y que mandaría realizar actividades que los hombres habrían acometido sin esperar a que se lo exigieran, pues al contrario que Villasur, eran veteranos de otras campañas y conocían perfectamente sus obligaciones.

Cuando el teniente general marchaba en dirección a la puerta de la ciudad, miró hacia la balconada del edificio del gobernador. Vio a don Antonio que le saludaba con la mano al tiempo que le gritaba:

-¡Que el bendito y santo patrón de España, nuestro amado apóstol Santiago[30] os proteja!

-¡Gracias excelencia, quedad vos con Dios! –Exclamó Villasur para responder a la salutación mientras se quitaba el sombrero y hacía cortésmente una grácil reverencia.

Alejado ya de la vista de Valverde, llamó a quien sería su escribano durante el viaje y que llevaría el diario de la expedición, el cabo Felipe Tamariz.

-¡Felipe! –Clamó don Pedro. -¿Has iniciado el diario?

-Por supuesto excelencia. –Contestó Tamariz.

-Léeme lo que has escrito.

-Enseguida, general.

---

[30] En 1630, siendo rey Felipe IV, el papa Urbano VIII decretó oficialmente que el Apóstol Santiago, fuera considerado solo y único Patrón de la Nación Española.

Felipe enredó las riendas alrededor de su brazo derecho para tener las manos libres. Sacó del bolsillo de su pantalón bombacho un arrugado cuadernillo forrado en piel, lo abrió por la primera página y comenzó su lectura:

—Diario y derrotero que cogió el señor general don Pedro de Villasur, teniente gobernador y teniente general de este reino y provincia de Nuevo México, en la campaña que ejecutó en las tierras de la nación Panana[31] por orden de su excelencia el gobernador de la susodicha provincia don Antonio Valverde y Cosío, para confirmar en las mencionadas tierras la presencia de los franceses e informar posteriormente al Excelentísimo Señor Virrey de Nueva España, don Baltasar de Zúñiga Guzmán, Marqués de Valero, y que inició el 17 de junio del año de nuestro Señor de 1720 en que salió de la villa de Santa Fe para el territorio conocido como El Cuartelejo distante 120 leguas.

Pasaron muestra cuarenta y dos soldados presidiales de esta villa de Santa Fe con sus armas, caballos y municiones, y después pasaron muestra ante dicho señor teniente gobernador, el capitán de exploradores don José Naranjo, el capitán, natural francés, Jean L'Archévèque que actuará como intérprete, sesenta indios confederados y tres vecinos que voluntarios se ofrecieron a servir con sus personas a Su Majestad en esta campaña, a quienes fue necesario, por la imposibilidad de algunos, dar municiones de pólvora y balas, y repartirles tres cueras para que protegieran sus vidas. Después de haber ejecutado lo referido, el teniente general reunió a toda su gente y les dio las gracias en nombre de Su Majestad por haberse ofrecido a su servicio como leales vasallos.[32]

---

[31] Nombre que los españoles daban a los Pawnees.

[32] Este inicio del diario es ficticio. Sólo se conservan unas pocas páginas insertadas en el siguiente capítulo. No obstante, el comienzo debió ser muy parecido al mostrado aquí.

Lunes 17 del mes de junio. Al alba, con los primeros rayos de luz, partimos de Santa Fe. —Terminó de leer Felipe.

-Está bien cabo. Cada tarde, después de ocultarse el sol, recogerás lo acontecido en la jornada y me darás cuenta de lo que has escrito.

-Como ordene vuestra excelencia.

Don Pedro aceleró el paso de su caballo y fue a situarse en la cabeza de la expedición. Detrás, sus hombres recogían desde sus monturas las últimas despedidas de sus familias. Mujeres vestidas de forma humilde con faldas largas y camisa o corpiño. La mayoría con el pelo suelto adornado con una cinta o recogido con una red trenzada con hilo de algodón. Casi todas rodeadas de niños con churretes y mocos saliendo incontrolados de la nariz. Incluso unas cuantas con infantes de corta edad entre sus brazos.

Algún dragón se agachaba para robar el último beso de su esposa. A otro le costaba soltar la mano de su amada.

-Cuida de tu madre, muchacho. Ahora eres tú el soldado de la casa. —Pedía un padre al mayor de sus hijos varones que no levantaba un metro del suelo.

-No estés tristes, mujer. Volveré pronto. En dos o tres meses estaré de nuevo a tu lado. —Consolaba un marido a su joven consorte.

Desgraciadamente desconocían lo que les deparaba el futuro. Para muchos de ellos aquel adiós sería para siempre, pero el deber les llamaba y tenían que responder como verdaderos soldados españoles, sin vacilar un instante.

¡Adelante, Dragones de Cuera!
¿Algún hombre desfallecido?
No, aunque los soldados supieran
Que era un desatino.
No estaban allí para replicar.
No estaban allí para razonar,

> No estaban sino para vencer o morir.
> En el valle de la Muerte
> Cabalgaron los cincuenta."[33]

Como no se sabe con exactitud qué rumbo tomó Villasur, utilizaremos los nombres de Jesús y María y San Lorenzo para referirnos a los ríos que rebasaron soldados y nativos los días anteriores a la tragedia.

El martes 6 de agosto de 1720 el teniente gobernador arribaba a la orilla meridional del río Jesús y María (Platte Sur o Platte según consideremos a El Cuartelejo en Colorado o en Kansas). Convocó entonces a su junta de guerra para decidir si permanecían allí a esperar nuevas del virrey Valero o seguían viaje para contactar con los Pawnees y obtener noticias de la presencia francesa en sus tierras. Todos los oficiales fueron de la opinión que era mejor reanudar la marcha y buscar a los Pawnees. Resolvieron atravesar el río para lo cual Villasur envió a unos Apaches a localizar un vado que les permitiera salvar el torrente. Para el transporte de los bagajes no utilizaron canoas debido a la existencia de bancos de arena que hacían peligrosa la navegación. Como la maniobra les llevó toda la jornada tuvieron que dividir el campamento entre las dos márgenes de la corriente para pasar la noche.

Al amanecer y durante toda la mañana, el resto de la tropa e indígenas terminaron de cruzar. El jueves 8 de agosto caminaron hacia el Noreste. Sistaca, el sirviente Pawnee del capitán Cristóbal de la Serna, presumió que conocía bien la región y recordaba que en la ribera de un río más al norte de donde estaban se asentaba el poblado de sus hermanos de raza. El capitán José Naranjo y varios exploradores (cuatro cabos, dos soldados y un número indeterminado de Apaches) fueron

---

[33] Adaptación del poema que Alfred Tennyson dedicó a la carga de la Brigada Ligera en la batalla de Balaclava.

enviados como avanzadilla junto a Sistaca para comprobar la veracidad de sus afirmaciones y con la orden de comunicar a los Pawnees que las intenciones de los españoles eran pacíficas. Naranjo no debía alejarse más allá de la distancia que le permitiera regresar en el día. El grueso principal de la fuerza comandada por Villasur partió detrás hasta tropezar con un arroyo que los expedicionarios superaron sin dificultad. Pasado el riachuelo los dragones divisaron a uno de los indios de Naranjo que el capitán había dejado para decir a Villasur que debía proseguir camino hasta el río que hallaría a continuación (Platte Norte o Loup) y bordear la orilla rastreando sus huellas. El teniente general mandó detener la marcha a unos 26 kilómetros de donde atravesaron el Jesús y María para esperar a los que iban rezagados. En el ínterin, dos exploradores se presentaron con la noticia de que Naranjo no iba a regresar esa noche porque vigilaba a un pequeño grupo de Pawnees. Villasur no debía preocuparse porque el capitán no estaba muy lejos y volvería pronto.

El 9 de Agosto, mientras se levantaba el campamento, aparecieron otros exploradores quienes informaron al teniente general de que a 35 kilómetros al Este habían descubierto a los Pawnees. Villasur ordenó a sus hombres pasar a la ribera norte del caudal que iban orillando (el San Lorenzo, es decir, Platte Norte o Loup), avanzaron 13 kilómetros y se detuvieron en la confluencia del nuevo río con el Jesús y María, a 20 kilómetros de donde estaban los indios. Instalaron las tiendas y se tomó la decisión de enviar a Sistaca (no está claro cuándo regresó Naranjo y el resto del destacamento) a parlamentar con sus coterráneos. Villasur quería que dos dragones le acompañaran para protegerle de un posible ataque, pero el sirviente Pawnee rechazó la ayuda alegando que sus "hermanos" podrían pensar que eran hostiles las intenciones de los españoles si veían a los soldados. Como al día siguiente era la festividad de San Lorenzo, el río fue "bautizado" con el nombre del mártir cristiano. Sistaca retornó a todo galope a la seis de la tarde y notificó a Villasur que no había encontrado a los Pawnees de los que hablaron los exploradores, pero que había avanzado 35 kilómetros hacia el Este hasta que descubrió un poblado en el lado sur del río. Dijo que había hecho signos de paz a los Pawnees del poblado pero que éstos se lanzaron al agua blandiendo hachas y gritando hacia donde él estaba. Sistaca relató que había temido por su vida y que por ello montó su caballo y volvió al campamento.

El 10 de Agosto, Villasur siguió el río hasta situarse en la orilla contraria a la del poblado. Los españoles gritaron a los indios palabras amistosas e hicieron gestos de paz. Desde el otro lado del cauce, entre 25 y 30 Pawnees se acercaron al agua y respondieron con idénticas señales. A pesar de que el día anterior había temido por su vida, Sistaca, con permiso del capitán Cristóbal de la Serna, cruzó a nado para entrevistarse con los indios de la aldea. Llevaba orden del teniente general de notificar a los Pawnees los fines pacíficos que traía, prueba de lo cual era su aproximación al poblado sin emplear artimañas. Además, les envió como regalo para "romper el hielo" parte del tabaco que transportaba para ocasiones como la que se presentaba.

Sistaca no regresó inmediatamente. En su lugar varios Pawnees se allegaron al campamento español portando una bandera blanca, pero a los españoles les fue imposible entenderles. Villasur pidió a L'Archévèque que escribiera una nota en su lengua materna con la esperanza de comunicarse con los supuestos franceses que vivían entre los nativos. La única respuesta que obtuvo fue algo escrito en una lengua ilegible sobre un papel amarillento que los propios Pawnees entregaron a Villasur la mañana siguiente. Ese mismo día Sistaca compareció en el río. Los españoles le preguntaron desde la margen opuesta que por qué no había regresado y que si había franceses en el poblado. El sirviente del capitán La

Serna respondió que los indios no le permitían regresar. Que no había visto ningún hombre blanco y reiteró las intenciones pacíficas de los Pawnees.

Villasur convocó una junta de guerra en la que expuso su deseo de cruzar el río, entrar en la aldea y descubrir si había franceses. Sus oficiales, más cautos, le dijeron que lo mejor era retroceder algunos kilómetros y alejarse del poblado. El que los indígenas hubieran retenido a Sistaca era una prueba de que sus propósitos no eran amistosos. También un Apache que formaba parte de la expedición (Apaches y Pawnees eran enemigos irreconciliables) había sido apresado mientras se bañaba en el río y no se tenían noticias de lo que le había sucedido. El teniente general siguió el consejo de sus experimentados oficiales y ordenó retornar sobre sus pasos. El 13 de agosto a las cuatro de la tarde atravesaron el San Lorenzo por donde lo habían hecho días antes, es decir, volvieron a la orilla sur y acamparon nada más cruzar la corriente en una explanada con hierbas muy altas a escasos kilómetros de la confluencia del San Lorenzo y el Jesús y María (Platte Norte y Platte Sur o Loup y Platte).

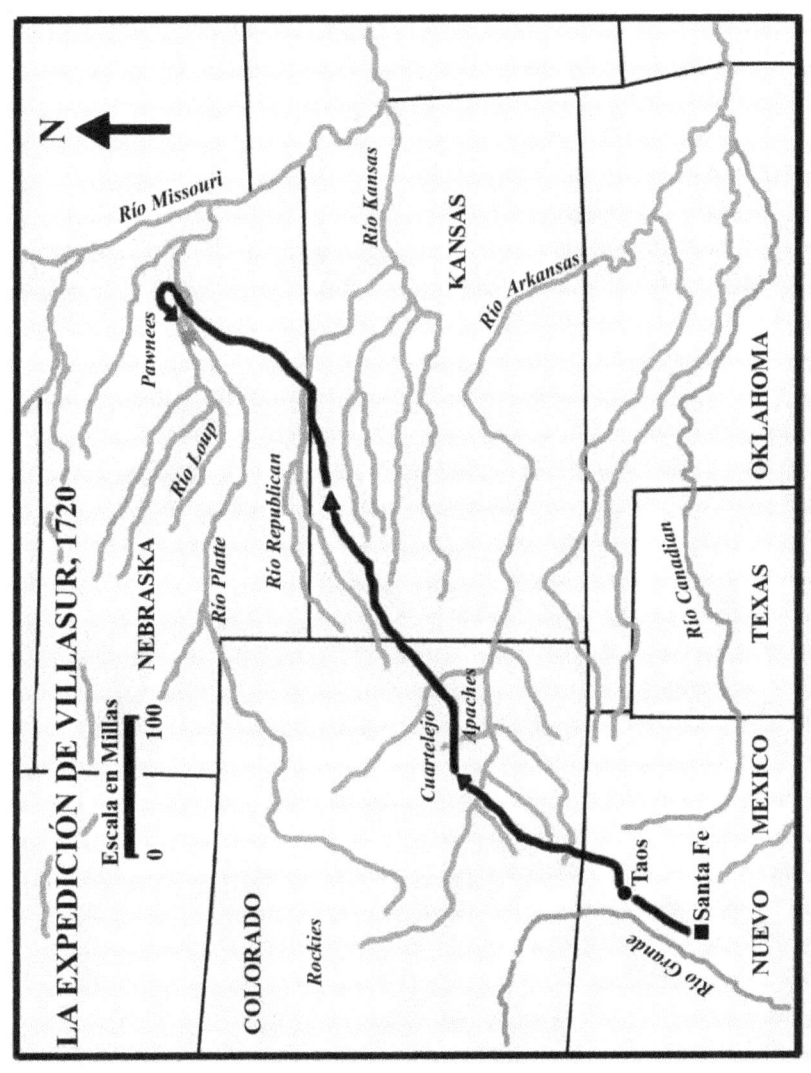

Imagen 1. Uno de los posibles itinierarios que siguió laexpedición.

Capítulo 4
EL DIARIO DE FELIPE TAMARIZ

Lo sucedido desde el 6 de agosto hasta el día 10 en que Sistaca cruza a nado el río con la orden del teniente general de informar a los Pawnees de que venía en "son de paz" y les envía tabaco como prueba de amistad se sabe gracias a las hojas conservadas del diario de la expedición, escrito por el cabo Felipe Tamariz, uno de los supervivientes de la masacre. El diario (o lo que quedó de él) se perdió durante los combates. Fue recogido por los nativos y entregado a los franceses en algún puesto avanzado. Después enviado a Francia en cuyos archivos "durmió" durante 200 años hasta que en 1921 fue descubierto por el investigador Marc de Villiers, traducido al francés moderno y publicado en el tomo XIII del "Journal de la Société des Américanistes de Paris" en el capítulo que dedica a la tragedia de Villasur bajo el título "Le Massacre de l'Expédition Espagnole du Missouri".

Aunque Tamariz escribió un segundo diario por expreso deseo de las autoridades españolas cuando regresó a Santa Fe, ese diario nunca ha sido localizado.

Para la presente obra, el autor no ha encontrado el original en español con las páginas conservadas. Ha trabajado con la traducción francesa de Villiers y con la inglesa del historiador norteamericano Alfred B. Thomas. No obstante, Thomas tampoco contó con las hojas originales del diario sino que tradujo del francés la versión de Villiers.

La transcripción que incluimos a continuación es una traslación de la francesa. Por tanto, el español empleado no es el del siglo XVIII ya que como hemos mencionado antes, Villiers editó el diario en francés contemporáneo.

Pese a esta contingencia, es la primera vez que se publica en español.

"...Las pistas que vimos nos condujeron a una región donde tuvimos conocimiento de una partida de guerra que, a todas luces, no estaba muy lejos de algún poblado. Decidimos acampar para ver lo que teníamos que hacer; y después que el teniente general enviara a buscar a todos los oficiales en activo y se colocaran a su disposición, igual que a los vecinos milicianos, les dijo, que un salvaje le había informado de que había encontrado algo de maíz y hojas de cerezas frescas que parecían ser los restos de la comida de un grupo de guerreros que había pasado recientemente. Luego les pidió que pensaran la longitud del camino que habíamos hecho que, de acuerdo con nuestra estimación, era de trescientas leguas. Entonces puso en consideración si debíamos esperar órdenes del virrey de la Nueva España que había enviado este destacamento para tratar de averiguar con ayuda de las naciones salvajes[34] si habían algunos franceses asentados en esta zona, o bien, puesto que no habíamos encontrado hasta ahora signos que pudieran convencernos de ello, si debíamos continuar nuestra búsqueda comenzando por la nación Panana,[35] los únicos que podrían arrojar un poco de luz sobre dónde podíamos contactar con aquéllos. La junta de guerra estaba compuesta por el capitán Tomás Olguín, el ayudante de campo José Domínguez, el alférez Bernardo Casillas, los capitanes Miguel Tenorio de Alva, Alonso Rael de Aguilar y Pedro Luján, los cabos José Griego y Lorenzo Rodríguez, el capitán Cristóbal de la Serna; y el capitán Juan de l'Archévèque; los dos últimos vecinos de la milicia. Todos fueron de la opinión de que era necesario buscar a los Pananas y conocer de ellos la verdad, o si los Apaches nos habían engañado. Para este fin, el

---

[34] En aquel tiempo no tenía connotaciones despectivas. Con este término se aludía a naciones no civilizadas.

[35] Ver nota 31.

destacamento debía pasar al otro lado del río y realizar todos los movimientos necesarios para lograr el objetivo que nos habíamos planteado.

Tomada esta decisión, el teniente general ordenó a unos salvajes que buscaran un vado del río para que el destacamento pudiera ganar el otro lado. Después de comer, comenzamos a transportar los bagajes con las escalas y sobre las espaldas de los indios. No era posible pasar de otra forma. La cantidad de islas que había en el río hacía imposible la navegación en canoas. Y como el día no fue suficiente para transportarlo todo, nuestro campamento se dividió por el río la noche siguiente; además no queríamos exponer a nuestros indios a cruzar de noche a causa del gran frío que hacía.

Miércoles 7 del mes de agosto. Al amanecer, el resto de los bagajes y nuestros hombres cruzaron desde el otro lado del río Jesús y María. No fue sin muchos esfuerzos; pero al final nos encontramos todos reunidos al mediodía.

Jueves 8. Dejamos el río Jesús y María siguiendo la ruta de los Pananas. El indio del capitán Serna había alardeado de que la conocía bien. Sin embargo, se perdió y regresó al campamento. Le enviamos una segunda vez escoltado por el capitán José Naranjo, cuatro cabos y dos soldados. El sirviente del capitán Serna, Panana de nacimiento, dijo que él recordaba, aunque había partido muy joven, que el pueblo de su nación se encontraba en la ribera de un río al norte de allí. Nuestros soldados se encargaron de comprobar la verdad de esta afirmación. Al mismo tiempo, se les ordenó que cuando estuvieran cerca del poblado, permitieran al salvaje hablar en solitario con los de su raza para que pudiera decirles que no tenían nada que temer, que nosotros los españoles, éramos sus amigos. Y en el caso de que no encontraran a nadie en el poblado, que avanzaran hasta una distancia desde donde pudieran volver al campamento el mismo día o la noche siguiente.

Después que dejamos el río Jesús y María, tuvimos cuidado de seguir las huellas que encontramos delante de nosotros y que creíamos hechas por los Pananas. A una legua del río encontramos un gran arroyo que teníamos que cruzar, y pensamos, porque el agua estaba muy caliente, que era un afluente del río que fluía de Oeste a Este. Luego caminamos por una llanura siguiendo los pasos de los que habían pasado delante de nosotros. Descubrimos muchos árboles a una legua de nosotros, y nos topamos con uno de nuestros salvajes del destacamento del capitán Naranjo. Él tenía orden de esperarnos para decirnos que debíamos seguir el río, y que él seguía [Naranjo] los pasos de los que iban delante, sin haber encontrado a nadie en los poblados. Alcanzamos la orilla del río y como era imposible cruzarlo con las armas, nos vimos obligados a continuar por la ribera del río y seguir el mismo camino que el capitán Naranjo. Ya habíamos hecho tres leguas para alcanzar esta corriente; y caminamos otras tres hasta llegar a una llanura. Luego paramos, para que los que venían detrás de nosotros no se perdieran. Al mismo tiempo, dos salvajes del capitán Naranjo aparecieron para decirle al teniente general que no se preocupara si él no volvía al campamento la noche siguiente; que estaba siguiendo los pasos de los Pananas quienes al parecer, no estaban muy lejos, y que el grueso de la fuerza podía continuar porque él pretendía unírseles pronto.

Viernes 9. Cuando el campamento estaba listo para marchar, vimos a más de una legua a alguien que venía hacia nosotros al galope. Avanzamos hacia ellos y descubrimos que eran de nuestros hombres que habían ido por delante. Nos dijeron que a ocho leguas de donde nos hallábamos, en el otro lado de la corriente que estábamos siguiendo, ellos habían encontrado a los Pananas en una hondonada, cantando y bailando siguiendo la costumbre de los indios. Les pareció que eran un gran número. Se había juzgado prudente no acercarse más por miedo a que se sintieran amenazados al ser de noche.

Sobre esta noticia, se dio inmediatamente la orden de cruzar al otro lado del río. Fue ejecutada con tan buena fortuna que todo pasó sin que nada se mojara, aunque a las mulas de carga les llegó agua hasta las cinchas. Marchamos tres leguas a lo largo del río hasta que se tuvo por conveniente detenernos a una distancia de cinco leguas de los indios, siguiendo el consejo de los que nos dieron el aviso. Tan pronto como estuvimos acampados, el Teniente General envió al salvaje del capitán Serna para ver y hablar con los de su nación, asegurándoles nuestra amistad y buena voluntad, y que tomábamos estas medidas para advertirles de nuestra buena fe. Aunque el teniente general quiso enviar dos soldados para que acompañaran a este salvaje para prevenirle de ser atacado por los de su nación, el salvaje le dijo que no había nada que temer por él y que era mejor para él ir solo. Que si los soldados iban con él, ellos podrían pensar que había engaño y mala fe en lo que les iba a proponer. Esto fue aprobado y el salvaje partió a las 11 de la mañana a ver a esa nación. ¡Que Dios y su Madre la Santísima Virgen le ayuden a tener buen éxito! El general dio al río el nombre de San Lorenzo; el río Jesús y María se une con esta corriente en el sitio donde estábamos, por lo que si no hubiésemos pasado, podría haber sido imposible hacerlo.

A las seis de la tarde, vimos venir al galope a Francisco Sistaca, que es el nombre del salvaje de Don Cristóbal de la Serna, quien dijo al teniente general y a todos los demás que él había estado buscando al grupo de su nación que había sido visto bailando la noche anterior, que no habiéndolos encontrado, había seguido la corriente y que los había visto cruzar al otro lado, donde había un poblado y algunos indios, y que, habiéndose detenido en el mencionado río, después de haber desmontado llamó a la gente que estaba cruzando el río, haciendo los signos de amistad y de paz que son comunes a los salvajes. Tan pronto como ellos le hubieron visto, muchos salvaje vinieron hacia a él y, entre otros, cuatro, que pasaron antes que el grupo, con hachas en las manos, sin arcos o flechas, pronunciando gritos. Viendo que se acercaban hasta la distancia de un tiro de piedra, él tuvo miedo. Esto le obligó a hacer señales con su sombrero como si estuviera llamando a gente detrás de él. Que entre tanto montó su caballo, y corrió hasta el campamento durante ocho leguas sin parar.

Sábado, el diez de este mes, la festividad del glorioso martirio de San Lorenzo. El campamento marchó a lo largo del río siguiendo esa partida y habiendo descubierto al otro lado de dicha corriente un poblado con muchas casas y gente que cruzaba por un vado de un lado a otro y dando gritos que se entendían, estando separados de nosotros por la corriente, hicimos la señas de las que hemos hablado, de paz y de amistad. Veinticinco o treinta salvajes llegaron a la orilla del agua en el otro lado de la corriente para hablar con nuestra gente. Todo lo que estaban diciendo fue fácilmente comprendido, y el salvaje de don Cristóbal de la Serna, que reconoció la lengua de su nación, dijo al teniente general que querían la paz y que él debería acercarse ellos.

Ellos hicieron signos, mirando hacia el sol, lo que significaba que los españoles y ellos no podían ser uno solo el mismo día.[36] En aquel sitio, el salvaje de don Cristóbal de la Serna decidió cruzar al otro lado a pesar del miedo que había tenido el día anterior. La expedición se detuvo enfrente del poblado y el salvaje se desvistió para cruzar a nado con el consentimiento de su amo. El teniente general le instruyó que dijera a su nación que él venía a verles sin ninguna intención de causarles el menor daño, como podían comprender desde que los había descubierto sin usar ninguna estratagema que podría haber usado cuando se enteró de que estaban bailando y cantando, estando distante de ellos sólo dos leguas, y que así, ellos podían con toda seguridad tratar la paz y la buena unión que debía existir entre nosotros y ellos, como hermanos y súbditos del mismo rey. El Teniente General les dio a los salvajes algo de tabaco para que se lo llevaran, que suele ser el razonamiento ordinariamente usado en este tipo de conversaciones."[37]

De lo que ocurrió después del 10 de agosto, donde se trunca el diario de Felipe Tamariz, se tiene conocimiento por las manifestaciones del propio Tamariz y del capitán Alonso Rael de Aguilar, dos de los sobrevivientes de la matanza, efectuadas ante el brigadier e inspector general don Pedro de Rivera. Estas declaraciones forman parte de la causa abierta por negligencia al gobernador Antonio Valverde Cosío en 1726 y se han insertado en el capítulo 7 junto al resto del expediente.

"Felipe estaba sentado en una roca cerca del río. Se disponía a escribir en el diario lo que había acontecido aquella mañana del seis de agosto. La junta de guerra había decidido continuar viaje y buscar a los Pawnees para saber de los

---

[36] No podrían reunirse ese día por algún mal augurio que vieron en el cielo.

[37] De Villiers, Marc. Le Massacre de l'Expédition Espagnole du Missouri. Journal de la Société des Américanistes de Paris. Tomo XIII. Págs. 239-255. Edité au Siege de la Société. Francia. 1921.

franceses. Los exploradores Apaches habían encontrado un vado para cruzar la corriente pero los bancos de arena hacían delicada la singladura. Las frágiles canoas podrían volcar y perderse parte de las provisiones. Por no decir que algunos soldados no sabían nadar.

-¿Miedo a nadar o miedo a bañarse? —Pensó Tamariz al tiempo que una leve sonrisa se dibujaba en sus labios.

Felipe estaba orgulloso de que su excelencia le hubiese elegido para aquel trabajo. Bien es cierto que era de los pocos entre la tropa que sabían leer y escribir pero ninguno lo hacía con tanta claridad y corrección. Convertirse en un buen amanuense le había costado más de una azotaina de los maestros franciscanos durante sus años mozos, pero había merecido la pena. Gracias a sus estudios ahora era nada menos que cabo de dragones y contaba con la confianza del teniente general para aquella misión.

-Tamariz, no te entretengas mucho y date prisa. Hemos de tratar de cruzar el río el mayor número posible de hombres. Sólo unos pocos se quedarán en este lado y terminarán de pasar mañana. —Gritó el teniente general mientras comenzaba a atravesar el cauce montado sobre su hermoso caballo alazán.

Felipe se puso en pie rápidamente al escuchar la voz de Villasur.

-Como ordene vuestra excelencia. —Respondió un henchido Tamariz. El teniente general recordaba pocos nombres de soldados y el suyo era uno de ellos.

Con dificultad por el peso de la cuera, Tamariz subió a lomos del jamelgo tordo que le había tocado en suerte. A pesar de su triste apariencia, el animal había salido airoso de tantos días de marcha y Felipe lo apreciaba como si cabalgara sobre un caballo de pura raza andaluza. Tamariz se quitó el sombrero negro de ala ancha que cubría su cabeza para limpiarse el sudor, clavó ligeramente las espuelas en el equino y le dijo:

-Vamos penco. No hagamos esperar a su excelencia.

Aunque verano, los amaneceres eran fríos porque el rocío lo empapaba todo y especialmente calaba hasta los huesos. Hasta que el sol no superaba las copas de los árboles y les acariciaba el rostro, los soldados que no estaban de guardia se arremolinaban alrededor de las hogueras para que la ropa se les secara rápidamente. Al medio día, el sofocante calor se hacía insoportable. Sólo los Apaches parecían disfrutar con aquel terrible clima.

-Esperaré un rato más hasta que se seque el rocío antes de escribir en el diario lo que aconteció ayer. –Discurrió el cabo. –No quisiera que don Pedro se enfadara si el agua rociera hiciera correr la tinta y se manchara todo el papel. Ayer el capitán Naranjo con varios exploradores y ese indio sirviente de don Cristóbal partieron en busca de los Pananas. No me gusta el tal Sistaca. Presume mucho de lo que sabe pero hasta ahora no hemos dado con los franceses. Si yo fuera su excelencia no le quitaría ojo de encima. Además, don José no regresó anoche y eso no me gusta. Los dragones están más tranquilos cuando él está cerca.

-Buenos días, Felipe. –Saludó el capitán L'Archévèque con su habitual acento francés.

-Buenos tenga vuestra merced. –Respondió Felipe al saludo.

-¿Cómo va tu diario? Espero que me dejes en buen lugar. –Bromeó el capitán.

-Vuestra merced sabe perfectamente que no escribo las aventuras de nadie. Sólo recojo lo que ha ocurrido cada jornada.

-¿Qué día es hoy? –Preguntó ya más serio L'Archévèque.

-Hoy es viernes nueve. Mañana será la festividad de San Lorenzo y vive Dios que con el calor que hace, es merecido el día para recordar el martirio de tan venerable santo. Creo que su excelencia ha acertado al escoger el nombre de San Lorenzo para llamar a este río.

-Guárdame el secreto, pero yo no creo mucho en santos y mártires. –Comentó el francés.

-¿Y en qué cree vuestra merced? –interrogó Tamariz.

-En ésta. –contestó el capitán de milicias mientras tocaba con su mano derecha la enorme espada que colgaba de su cintura a la vez que se alejaba en busca de su tienda.

El 13 de agosto Felipe cabalgaba intranquilo. El padre Mínguez, siempre atento a la tropa, vio en su rostro los síntomas de la preocupación que le embargaba. Acercó su mula al caballo del cabo para preguntar los motivos de aquél desasosiego.

-¿Qué ocurre Felipe? Desde hace unos días te veo algo nervioso. –Señaló el franciscano.

-Esto no me gusta padre. Ese Apache desaparecido en el río. Sistaca que no ha vuelto. ¿No le parece extraño que hace cuatro días regresara al atardecer, asustado de las amenazas que había recibido supuestamente de sus propios hermanos de raza y sin embargo al día siguiente se ofreciera voluntario para cruzar las aguas sin temor a lo que pudiera ocurrirle? Ese salvaje trama algo. –Explicó Tamariz.

-Es normal que prefiera quedarse con los suyos. –Trató de serenarle el religioso. –Yo bauticé a Sistaca cuando siendo todavía un niño, fue vendido como esclavo por los Navajos en Santa Fe. Le puse el nombre de Francisco, el fundador de mi orden. El capitán Serna se compadeció del pobre infante y lo compró para que no cayera en las manos de algún desaprensivo. O peor aún, si no hubiera sido comprado, los Navajos lo habrían decapitado como hicieron hace algunos años con un grupo de jóvenes indios por los que nadie dio un real de plata. Desde entonces ha estado a su servicio y don Cristóbal le ha tratado siempre afablemente. No tiene motivos para odiarnos. A fin de cuentas, quienes lo secuestraron y separaron de su gente fueron los Navajos. Ha sufrido mucho.

Vio como asesinaban a sus padres y su único deseo era regresar con su pueblo.

—Padre, vuestra merced sólo ve la bondad en el alma de esos salvajes. Yo sin embargo veo una flecha que vuela certera hacia mi corazón. —Matizó Felipe.

—Vamos Felipe, anímate. Ya verás cómo esta aventura terminará bien. —El padre Mínguez espoleó su terca mula y buscó otro espíritu afligido que necesitara consuelo.

Villasur y sus hombres aceleraron el paso de sus monturas. Quería cruzar el río San Lorenzo antes de que anocheciera. Nada más pasar el río, el teniente general ordenó instalar el campamento. Don Pedro aún confiaba en la disponibilidad de los Pawnees a tratar con los españoles y creía que no tardarían en presentarse para negociar. El capitán y maestre de Campo Tomás Olguín no estaba de acuerdo con aquella decisión y así se lo hizo ver a su superior.

—Excelencia, en mi opinión deberíamos continuar la marcha. —Aconsejó Olguín.

Villasur, abstraído en sus pensamientos mientras se acariciaba la barba se volvió hacia Olguín y le dijo

—Perdonad capitán, tenía los pensamientos en otros menesteres, ¿Qué me decíais?

—Creo que vuestra merced comete un error al detenerse en este paraje. Estamos rodeados por hierbas muy altas, el enemigo puede tendernos una emboscada y no nos habríamos dado cuenta hasta que los tuviésemos encima. Deberíamos seguir camino y alejarnos lo más posible de esos Pananas.

—No pienso finalizar este viaje sin cumplir las órdenes de su excelencia el gobernador. Hemos de descubrir si hay franceses en la zona y los Pananas son los únicos que pueden decírnoslo. Su majestad debe ser informada de si nuestros vecinos allende los Pirineos han roto la tregua y pretenden arrebatarnos todos estos territorios que por derecho pertenecen a la corona. Continuad con los preparativos antes de la cena y no insistáis más capitán. –Sentenció Villasur.

Los dragones montaron el vivaque como solían hacerlo en ocasiones como éstas. Ubicaron las tiendas de los oficiales y a continuación, los que tenían suerte y habían conseguido algunas viejas telas raídas o algunas pieles en los almacenes de Santa Fe, las colocaron sobre los vetustos armazones de madera que transportaban en las mulas de carga para tener un alojamiento donde cobijarse durante el descanso nocturno. El resto de la tropa (los menos veteranos) dormía a la intemperie cubiertos con badanas los más afortunados. Las sillas de montar (una vez retiradas de los caballos para que fueran cepillados y pudieran descansar) se disponían formando un círculo a modo de parapeto alrededor de la fogata principal que solía estar en el centro del campamento. Evidentemente las sillas no constituían un muro de protección infranqueable, pero un dragón arrodillado podía apoyarse en ellas para efectuar el disparo. No obstante, el mosquete se solía cargar y disparar desde la posición de pie porque facilitaba la introducción de la baqueta por la boca del cañón para atacar el proyectil. Un tirador tumbado habría tenido que echar hacia atrás el fusil hasta poder ver la entrada del tubo metálico, introducir la pólvora y la bala que no caerían por gravedad y atracarlas con el "bolillo" metálico en una maniobra más lenta y complicada.

El campamento se dividió en dos partes un tanto alejadas. En una se situaban los europeos y en la otra los indios auxiliares. Algunos de estos últimos permanecieron en la parte española para montar guardia junto a los soldados. Unos pocos dragones vigilaban el descanso de los caballos para evitar su pérdida o sustracción por parte de los nativos. Los Pueblos y Apaches que acompañaban a Villasur instalaron sus tradicionales tiendas cónicas "tipi"[38] para pasar la noche. Nada hacía presagiar la tragedia que se avecinaba."

---

[38] Tiendas de piel de forma cónica que utilizaban como vivienda los indios nómadas de las praderas de América del Norte.

Capítulo 5
EL ATAQUE

La noche del 13 de agosto se presentaba tan ordinaria como de costumbre. Los españoles se habían alejado casi 35 kilómetros de los Pawnees y no esperaban ningún altercado. A pesar de la distancia abierta, Villasur situó guardias alrededor del campamento. La mayoría indios a los que poco importaba la seguridad y que no estando sometidos a la rígida disciplina militar, tampoco les preocupaba las represalias por dormirse durante la alerta.

El teniente general ordenó que se le comunicara cualquier contratiempo que aconteciera. Poco después de anochecer, Villasur fue avisado de que se oían ladridos de un perro y chapoteo de gente cruzando el río. Don Pedro advirtió a los centinelas que estuviesen precavidos, especialmente a los que vigilaban los caballos, y envío a varios indios para descubrir lo que pasaba. Los nativos informaron que no vieron nada anormal, pero se desconoce si cumplieron con celo su misión o sólo se dieron un "paseo" por la orilla. Según declaración del gobernador Valverde en la investigación que se le abrió en 1726, fue un cabo de una de las escuadras el que advirtió al capitán Olguín de los ladridos y de la posible proximidad del enemigo. El capitán lo consideró una falsa alarma y una prueba de la falta de valor del jefe de la escuadra al que los nervios "le jugaban una mala pasada", por lo que no previno a su jefe, don Pedro de Villasur, que sin duda habría tomado alguna medida para comprobar los alarmantes informes del cabo. Es difícil saber la veracidad de estas afirmaciones de Valverde, quien tenía que defender ante las autoridades españolas en Nuevo México la elección de su teniente general para comandar la expedición y que todo lo que conocía se debía a las noticias que le proporcionaron los supervivientes.

El resto de la noche debió transcurrir sin ningún otro percance o por lo menos nada se dice en las diferentes actas de los procesos abiertos para investigar la tragedia, salvo que es probable que los indios de la guardia, cansados de tantas jornadas de marcha, se durmieran y no oyeran aproximarse a los Pawnees.

Al amanecer del 14 de agosto de 1720, cuando los dragones estaban todavía desadormecidos y comenzando las labores rutinarias de la mañana, retirando tiendas, ejercitando los caballos, recogiendo el equipo, preparando el desayuno, etc., se oyeron los primeros disparos y a continuación el grito ensordecedor de cientos de Pawnees rabiosos buscando su presa. Los indios sabían perfectamente las costumbres matutinas de los españoles (¿quizás gracias a Sistaca?) y que ese era el mejor momento para el ataque porque la mayoría estarían desprevenidos. Valverde, en su primer informe de octubre de 1720 remitido al virrey marqués de Valero tras la fatalidad, señaló que 200 franceses participaron en los ataques, pero los testigos afirmaron que no podían confirmar tales aseveraciones. El propio Tamariz declaró que no sabía con seguridad quiénes fueron los atacantes.

A la detonación inicial siguió una lluvia de flechas que acabó con la vida de muchos soldados recién levantados y aún sin la protección de las cueras. Los disparos asustaron a los caballos y se produjo una pequeña estampida que a duras penas fue evitada por los que estaban a su cargo, Tamariz entre ellos.

Los dragones que no fueron abatidos con la primera descarga formaron en círculo, dispuestos a defenderse hasta el último hombre. Villasur fue de los primeros en caer. Vestía su reluciente casaca roja con la esperanza de encandilar a los jefes Pawnees si éstos se presentaban en el campamento esa misma mañana a parlamentar. Naranjo montó en su caballo con el propósito de reunir algunas tropas y cargar sobre los indios que iban a pie, pero fue derribado y asesinado. Muy pocos Pueblos y Apaches aliados se unieron a los dragones para compartir su suerte. Su campamento más alejado y la convicción de que eran insuficientes para hacer frente al ataque les llevaron a la conclusión de que era mejor "retirarse."

El asalto debió durar escasos minutos. La diferencia abismal entre el número de asaltantes y el de defensores hacía previsible el resultado final. Todo era polvo, humo, disparos, silbidos de flechas surcando el aire, chillidos aterradores de los agresores, órdenes difíciles de entender en medio de la desolación, lamentos desgarradores, gritos de pánico y dolor, y el valor de un puñado de hombres ante su inevitable destino. Algunos soldados consiguieron retirarse hacia donde estaban los que vigilaban los equinos. Éstos sufrieron varios ataques que lograron rechazar. Incluso rescataron a varios heridos que llegaban del campamento escapando de la matanza. Un cabo de la guardia montó a caballo y con otros tres dragones cargaron contra los Pawnees que perseguían a los más rezagados de los supervivientes que se aproximaban. El cabo y uno de sus acompañantes sacrificaron sus vidas defendiendo la retirada de sus compañeros. Siete consiguieron ponerse a salvo. Sólo catorce dragones y colonos sobrevivieron a la masacre y volvieron a Santa Fe junto a 49 indios Pueblo y unos cuantos Apaches. Once indios aliados perecieron junto al teniente general y sus hombres. Villasur, el padre Mínguez y la mayoría de los oficiales y soldados murieron en los combates. Treinta y cinco españoles (incluído l'Archévèque) quedaron tendidos para siempre en los bosques de Nebraska. Los Pawnees tuvieron tan elevado número de bajas que no pudieron perseguir a los que lograron escapar. Además se entretuvieron en saquear el campamento y en rematar a los heridos. La lista de los que sucumbieron no debe caer en el olvido:

Teniente General don Pedro de Villasur.
Capitán José Domínguez.
Capitán Tomás Olguín.
Capitán Cristóbal de la Serna.
Capitán Miguel Tenorio.
Capitán Pedro Luján.
Capitán Jean de L'Archévèque.
Capitán José Naranjo.
Teniente Bernardo Casillas.
Cabo José Griego.
Cabo Lorenzo Rodríguez.
Soldado Manuel de Silva.
Soldado Pedro Segura.
Soldado Lorenzo Segura.
Soldado Diego Velázquez.
Soldado Ignacio de Avilés.
Soldado José Fernández.
Soldado Simón de Córdoba.
Soldado Francisco González.
Soldado Francisco de Tapia.
Soldado Francisco Perea.
Soldado Bernardo Madrid.
Soldado Pedro Agüero.
Soldado Nicolás Girón.
Soldado Domingo Romero.
Soldado Luís Ortiz.
Soldado Juan Gallegas.

Soldado Ramón de Medina.
Soldado Antonio de Herrera.
Soldado Domingo Trujillo.
Soldado Juan Río de Rojas.
Soldado Pedro Lugo.
Soldado Juan de Lira.
Soldado Pedro de Mendizábal.
Padre Franciscano Juan Mínguez.

Como hemos mencionado anteriormente por la importancia de sus declaraciones en el proceso iniciado en 1726, entre los supervivientes se encontraban el capitán de milicias Alonso Rael de Aguilar y el cabo Felipe Tamariz. Aguilar fue quien dio los nombres de los que sobrevivieron pero olvidó mencionar al Teniente Francisco Montes Vigil y al soldado Diego Arias de Quirós. Transcribimos a continuación la relación completa.

Capitán Alonso Rael de Aguilar.
Teniente Francisco Montes Vigil.
Cabo Felipe Tamariz.
Soldado Diego Arias de Quirós.
Soldado Manuel Teniente de Alba.
Soldado Matías Madrid.
Soldado José Mares.
Soldado Joaquín Sánchez.
Soldado Jacinto Perea.
Soldado Juan Antonio Barrios.
Soldado Antonio Armenta.
Soldado José de Santiesteban.
Soldado Melchor Rodríguez.
Soldado Diego Tafoya.

Desafortunadamente no se han conservado para la posteridad los nombres de los once indios que murieron y unieron su destino al de los soldados caídos.

"Villasur estaba de pie delante de su tienda tomando el desayuno. Con la mano izquierda sujetaba el platillo de plata y con la derecha la reluciente taza de idéntico metal rebosante del té caliente que le había preparado su sirviente. Era temprano, pero ya estaba acicalado como si tuviera una entrevista con el mismísimo rey de España. La casaca roja de las grandes ocasiones destacaba en medio del claro del bosque en el que habían acampado. Quería deslumbrar a los dirigentes Pawnees en caso de que se presentaran. Estaba convencido de que los Pananas desearían la paz y preferirían la alianza con los españoles antes que con los franceses. Su larga melena le caía sobre los hombros y se había dejado recortar la barba por su asistente. A pesar de la alarma nocturna, cuando el jefe de la guardia le avisó que se escuchaba en la lejanía el ladrido de un perro y chapoteo en el río, había dormido plácidamente. Los indios que envió a investigar no hallaron nada que presagiara algún peligro.

-Este té es excelente. –Pensó don Pedro. –Parece que este muchacho lo ha preparado durante toda su vida para su graciosa majestad británica. Lo recomendaré para el ascenso a cabo.

De pronto, una detonación rompió el silencio matutino en el que sólo se oían los murmullos de los soldados levantando el campamento. Algo sacudió la taza que la hizo volar por los aires. Simultáneamente, el teniente general sintió una fuerte punzada ardiente que le atravesaba el pecho. Sin soltar el platillo agachó lentamente la cabeza para mirar el origen de tan insoportable dolor. Vio una mancha oscura que comenzaba a crecer en el tórax y se iba extendiendo por toda la casaca. El color de la sangre que manaba copiosamente se confundía con el rojo de la lujosa prenda. Villasur notaba cómo se le escapaban las fuerzas y sus dedos dejaron de apretar el platillo que aún cogía con su mano izquierda esperando para sostener la desaparecida taza. Don Pedro percibió cómo el pequeño plato se desprendía de sus dedos y caía al suelo. En ese momento todo se volvió negro y se desplomó sin vida igual que un árbol talado.

-¡A las armas! ¡A las armas! ¡Nos atacan! –Gritó el capitán Domínguez mientras corría hacia su oficial superior.

-¡Excelencia! ¡Excelencia! –La abundante sangre y la tez pálida de Villasur hicieron comprender a Domínguez que el teniente general estaba muerto.

Varios Pawnees se acercaban amenazantes hacia donde se hallaba el capitán junto al cuerpo de don Pedro. Domínguez no estaba dispuesto a que profanaran el cadáver de Villasur. Desenvainó la espada y asestó varios golpes matando a dos atacantes. Pero eran demasiados. Cuando el capitán clavó el terciado en el vientre de un enemigo, un guerrero desnudo y completamente pintado de negro ensartó su lanza en el corazón de Domínguez que cayó fulminado al suelo.

La confusión era total. Lamentos de heridos. Gritos desgarradores. Humo y olor a pólvora. Órdenes difíciles de entender. L'Archévèque vio cómo era abatido a su lado el capitán Luján. Numerosos soldados habían perecido en la primera descarga y en la lluvia inicial de flechas. Los que permanecían de pie vistieron precipitadamente sus cueras y cargaron sus mosquetes para responder al ataque.

-¡Formad en círculo, formad en círculo y cargad los mosquetes! -Ordenó l'Archévèque. –Apresuradamente los dragones se situaron en el centro del campamento prestos a vender caras sus vidas. – ¡Apuntad, fuego! -La "andanada" segó las filas de los primeros indios que se aproximaban. Con sus cuerpos desnudos pintados de vivos colores y sin protección alguna eran un blanco fácil. Pero como si de una

Hidra de Lerna[39] se tratara, por cada nativo abatido surgían otros dos. La lucha era ya cuerpo a cuerpo. Los soldados utilizaban sus mosquetes para sacudir o esquivar el golpe. Todo era inútil. La mayoría de los oficiales estaban muertos. Casi todos los soldados muertos o heridos. Algunos indios Pueblos intentaron socorrer a los españoles pero fueron rechazados quedando varios de ellos tendidos en el campo.

L'Archévèque repartía mandobles a diestro y siniestro con su enorme sable. Numerosos enemigos yacían a su alrededor.

-Venez, chiens![40] –Gritaba el francés. –Os estoy esperando. Por san Denis[41] que vais a probar el filo de mi espada. –Rodeado por un grupo de Pawnees, l'Archévèque sabía que sólo era cuestión de tiempo que llegara su momento final. -¡Vamos! ¿A qué esperáis? –Los indios no se atrevían a asestar el golpe definitivo. Veían la pila de cadáveres amontonados a los pies de "aquella fiera blanca" y ninguno quería ser el primero en intentarlo. Jean no vio a su asesino. Una bala de mosquete le entró por la nuca y lo mató sin que apenas se diera cuenta.

El capitán Cristóbal de la Serna no había terminado de vestirse. La camisa, otrora blanca, debía ajustarse al cuello con un cordoncillo todavía sin anudar que recorría varios ojales pareados situados en el pecho. Tenía un aspecto desaliñado mientras terminaba de introducir los faldones de la blusa por dentro de los calzones y se ajustaba la faja roja que protegía sus riñones de las interminables cabalgadas.

---

[39] Animal mitológico que poseía la virtud de regenerar dos cabezas por cada una que perdía o le era amputada.
[40] ¡Venid, perros!
[41] Primer obispo de París donde fue martirizado y decapitado en el 272 d. C. En su honor se erigió la catedral de San Denis en la que están enterrados la mayoría de los reyes de Francia.

-Girón, acércame las pistolas que están en mi tienda. – Mandó a su ordenanza. -¿Las has cargado?

-Sí, capitán, como a vuestra merced le gusta. Buena carga de pólvora y taco bien apretados. Yo no me atrevería a disparar un arma en esas condiciones. Cualquier día podríais perder la mano, o peor aún, podríais perder la vida. –Le recordó el soldado.

-Guárdate tus consejos para las meretrices de Santa Fe, esas de prietas carnes que tanto te gustan. Seguro que entonces no te preocupa tanto "el apriete." Un capitán debe tener la mano firme y no temer a la muerte porque su vida pertenece al rey nuestro señor.

Nicolás Girón esbozó una leve sonrisa y prefirió guardar silencio. El capitán de la Serna era un buen hombre, pero había momentos que era mejor terminar la conversación sin decir nada. Rápido de fusta cuando se enfadaba, algún que otro verdugón en la espalda del bueno de Nicolás daba prueba de ello. Además, la huida de Sistaca le había afectado profundamente. Recogió al indio en su casa cuando era un niño y lo había criado como a un hijo. No conseguía adivinar por qué se había marchado.

El ataque le sorprendió cuando estaba a punto de embutir las pistolas en la faja. Aunque sobresaltado, reaccionó como se esperaba de un oficial español. Con serenidad, con un arma en cada mano, apuntó a dos indios que corrían hacia él, jaló hacia atrás ambos martillos, apretó los dos gatillos al unísono y cuando los martillos volcaron hacia delante accionados por sus muelles, las respectivas piedras de pedernal rozaron el rastrillo produciendo sendas chispas que prendieron la potente carga de pólvora. El humo produjo una espesa nube negra que le cegó por unos instantes. Cuando se disipó la densa niebla causada por la ignición, pudo ver cómo los dos Pawnees rodaban sin vida igual que un par de liebres abatidas por certeros cazadores.

-¿Qué te ha parecido Nicolás? – Preguntó a Girón que estaba a su espalda.

El soldado no respondió. La Serna se volvió para ver a su ordenanza y lo encontró en el suelo con un disparo en la frente y en medio de un enorme charco de sangre. El capitán se emocionó ante aquella visión. Apreciaba al infortunado soldado al que conocía desde que ingresó en el ejército. Muchas horas bajo el cielo tórrido de Nueva España habían soportado juntos. Más de un trago de aguardiente habían compartido en las interminables guardias nocturnas.

A don Cristóbal le fue imposible recargar las pistolas, agarró el sable de Girón que estaba al lado de su cuerpo inerte y se defendió igual que un león moribundo acosado por hienas. Atizó con la espada una lanza que apuntaba a su cara. El asta se partió por la mitad y el nativo que la sujetaba no se percató que el acero español le desgarraba la cintura. Otro indio gritando enloquecido intentó quebrar la cabeza de la Serna con un hacha. El veterano soldado se agachó y esquivó el golpe para a continuación abrir un enorme corte en el hombro de su atacante que soltó la segur y escapó malherido. La Serna comprendió que no podría resistir por mucho tiempo. En un momento de respiro recordó a Sistaca. En el horizonte creyó ver a un joven guerrero que se parecía a éste. Se alegró de verlo una vez más. Sin plena convicción de la identidad del Pawnee, levantó la mano para saludarle efusivamente. El indio le apuntó con un mosquete, efectuó un disparo y de la Serna notó en la pierna izquierda algo semejante a la mordedura de una serpiente que le forzó a hincar la rodilla en tierra. El proyectil había cercenado la arteria femoral y la sangre brotaba a chorros. Acosado por numerosos indígenas no pudo hacerse un torniquete. La continua pérdida de "fluido rojo" lo adormeció y le obligó a tumbarse. No sentía nada, sólo algo de frío y una enorme tristeza al recordar a Sisteca. Su postrero halo de vida fue una lágrima que recorrió su mejilla.

El padre Mínguez se había alejado unos metros del campamento para realizar con tranquilidad sus rezos matutinos. Iba acompañado por un soldado que le daba protección. El capitán Naranjo le había asignado un escolta para evitar "sorpresas desagradables". El religioso le había dicho a don José que tantas precauciones eran innecesarias. "Vuestra merced exagera", le había comentado, "estas almas sencillas de nuestro Señor sólo necesitan el bautismo y que la verdadera Fe ilumine sus espíritus". Pero Naranjo era "zorro viejo". Por sus venas corría la sangre india de su madre y conocía de lo que eran capaces los indígenas cuando "lucían" pinturas de guerra. Las cicatrices de su cuerpo eran una prueba ello. "Padre", le había respondido don José, "preocúpese vuestra merced de las cosas del espíritu que yo me preocuparé de los asuntos terrenales".

La detonación sobrecogió al religioso cuando terminaba sus oraciones.

-¡Deprisa padre! Volvamos al campamento.

El franciscano, que se encontraba de rodillas, se persignó, se puso en pie y corrió detrás del dragón de cuera. El soldado se comportó heroicamente. Cuando los Pawnees se abalanzaron sobre el sacerdote, descargó el mosquete, mató a uno de los atacantes y le dijo al religioso:

-¡Siga vuestra merced! ¡Yo me ocuparé de estos salvajes!

Mínguez miró unos instantes hacia atrás donde su escolta se batía con cuatro o cinco enemigos. Le vio sacrificar su vida cumpliendo con la orden que le había dado Naranjo.

Distintas flechas se le clavaron en el hábito. La túnica estaba confeccionada con un tejido lo suficientemente grueso como para retener algunos dardos. Mientras corría se levantó la capucha para resguardarse la cabeza. Pero no le preservaba de los disparos. Un Pawnee escondido entre los matorrales se levantó sorpresivamente apuntándole con un viejo fusil.

-¡Hijo mío! ¿Qué hemos hecho para que no odiéis tanto? -Le espetó el afligido sacerdote.

El indio no le respondió. Ni siquiera entendió lo que le preguntó el religioso. Sólo gritó algo ininteligible y le descerrajó un tiro que terminó con su vida.

Naranjo daba constantemente órdenes a los dragones formados en círculo. La situación era angustiosa y una nueva herida en la pierna se había sumado a su "colección". La lesión no era grave. Vio aproximarse sin jinete a uno de los caballos que se había espantado e intuyó que subido al mismo podría ir hasta donde estaban los soldados que vigilaban los animales y organizar un pequeño grupo con el que cargar contra los Pawnees. Si los indios los veían atacar desde los caballos tal vez se asustarían y los obligarían a retroceder. Naranjo no se lo pensó dos veces. Aprovechando la inercia del animal se agarró al borrén de la silla de montar y de un brinco se colocó a horcajadas a lomo del equino. Desenvainó la espada y a galope tendido iba repartiendo cuchilladas a cuantos enemigos se cruzaban en su camino. A uno le destrozó el cráneo de un golpe seco y a otro le seccionó el cuello con un enorme tajo. El tercer indio que intentó detenerlo sintió el punzante acero atravesándole el estómago, pero Naranjo perdió la espada cuando quedó incrustada en el nativo. Impotente y sin armas para defenderse fue rodeado. Un Pawnee clavó su lanza en el costado del caballo que dio un relincho de dolor y volteó hacia un lado mortalmente herido. El jaco cayó encima de la pierna izquierda de don José. Atrapado, sin poder liberarse, en el suelo y expuesto a la furia de sus atacantes, Naranjo tuvo el valor suficiente para mirar de frente la muerte cuando varias flechas y lanzazos le arrebataron el agitado aliento que exhalaba.

Sólo tres oficiales restaban batiéndose al lado de los pocos dragones que espalda contra espalda, armados con espadas y cubriéndose con las adargas, aguantaban las continuas embestidas de los Pawnes. Los capitanes Tomás Olguín y Miguel Tenorio y el teniente Bernardo Casillas. El primero, el más antiguo de los tres, ejercía el mando. Maldecía la negativa de Villasur a prolongar la marcha y especialmente que desoyera sus consejos de no acampar en medio de un campo rodeado de hierba alta y frondosa.

-¡Miguel, a tu derecha, defiende ese hueco! – Gritó Olguín a Tenorio. Dos soldados habían caído alcanzados por disparos de mosquetes y esa parte del círculo quedaba sin protección.

Tenorio, adarga al brazo y filosa en mano, se movió hacia donde le indicó su conmilitón y ahora jefe accidental debido a las circunstancias.

-¡Estrechad el círculo! ¡Estrechad el círculo! - Ordenó nuevamente Olguín.

-¡Levantad los escudos! ¡Protegeos la cara! – Aconsejó el capitán.

-¡Casillas, a tu espalda! – El teniente no consiguió esquivar el cuchillo que cortando el aire se le clavó en la garganta.

Tenorio estaba agotado. Varias heridas le robaban las fuerzas. Los Pawnees no daban tregua a los españoles. Tomás Olguín nunca sabría si el descuido que causó la muerte de su amigo era intencionado o no. Fue como si no quisiera esquivar la flecha criminal que le mató. Puede que Miguel prefiriera elegir el momento de su muerte, evitar el cautiverio y una posible tortura y agonía.

Al bizarro capitán sólo le quedaba una bala en su pistola. Por unos segundos especuló con apoyar el cañón del arma sobre su cabeza y evitarse futuros sufrimientos si era cogido prisionero. Acompañaría sin demora a su amigo Miguel en el "viaje sin retorno" que acababa de emprender.

-Dios comprenderá por qué lo hago. Cierto es que nuestra Santa Madre Iglesia prohíbe el suicidio, pero aquí estoy yo solo sin esperanza de socorro. –Pensó Tomás.

Su terrible decisión no pudo consumarla. Instintivamente disparó la pistola apuntando a un salvaje que se abalanzaba sobre él. A continuación lanzó el arma contra otro atacante quien lo último que escuchó fue el crujir del hueso frontal que se hundía astillado en su cerebro por el mazazo recibido. Olguín sintió a la sazón un brutal "golpe de ariete" en la espalda que le hizo tambalearse. Sin embargo, vio saltar delante de sí algo que no alcanzó a reconocer. Eran restos de masa muscular y sangre que se habían desprendido de su cuerpo. Miró hacia abajo y vio la punta de una lanza que le había atravesado y sobresalía por el esternón. Las irreconocibles palabras que pronunció fueron un ruego dirigido al Altísimo:

-¡Dios mío, recibe el alma de este pecador que ha estado a punto de ofenderte quitándose la vida! – Dicho esto, expiró.

Las escasas tropas que todavía luchaban tenían que moverse en medio de los cuerpos de sus compañeros masacrados. Unían sus escudos como en tiempos hicieron las antiguas legiones romanas. Todo era inútil. Sabían que su final se aproximaba, pero combatirían hasta la muerte como correspondía a los dragones de los Reales Ejércitos de España. Unos recordaban a sus familias y rezaban mientras cargaban y disparaban sus mosquetes. Había quien evocaba al apóstol Santiago y quien pedía que todo fuera rápido. Uno tras otro, como espigas de trigo segadas por la hoz asesina, con las cueras ensangrentadas, los soldados fueron cayendo hasta que sólo se escucharon los gritos estentóreos de sus enemigos.

José Griego mandaba el piquete de la guardia que vigilaba los caballos. Era un militar competente. Más de treinta años al servicio de su majestad lo certificaban. Hacía un lustro que había conseguido el ascenso a cabo y dentro de otros cinco o seis años alcanzaría el grado de sargento. Para sus oficiales era un soldado ejemplar. Al igual que todos los de la guardia llevaba puesta la cuera cubriendo la chaquetilla azul de los dragones españoles en Nuevo México. El sombrero gacho de fieltro negro estaba algo raído. Le había acompañado en muchas misiones y estaba pidiendo a gritos "el relevo".

Tamariz se encontraba a su lado. Con sólo treinta y seis meses en el empleo de cabo actuaba de segundo jefe de la guardia. Salvo por el pañuelo sobre la cabeza anudado en el cogote y que colocaba bajo el sombrero, no se distinguía su prestancia de la de Griego. Ambos eran orgullosos soldados de la vieja España.

-Felipe, no me gustan las nuevas que nos ha traído Lorenzo. Un solitario perro ladrando en medio de estos parajes y extraños ruidos en el río no presagian nada bueno. –Sentenció Griego.

-Ya está amaneciendo. Pronto ensillaremos los caballos y seguiremos camino a Santa Fe. Probablemente fue una falsa alarma. Durante la noche se puede confundir cualquier ruido con todo aquello que nos cause inquietud. –Trató de calmarle Tamariz.

-De todas formas, si no nos mata uno de esos salvajes lo hará este rocío insoportable. Tengo toda la cuera mojada y parece que ha doblado su peso. –Se quejó el veterano cabo.

A excepción de los que estaban de turno junto a los animales, el resto de soldados de la guardia confluían sentados al lado de la fogata que habían encendido para calentarse. Algunos tenían el mosquete apoyado encima de las rodillas y otros en el hombro. Aunque un tanto alejados del campamento, la primera descarga les sobrecogió el corazón.

¡Los caballos Felipe, que se escapan! –Gritó Griego.

Sin caballos, los dragones sabían que serían presa fácil para cualquier enemigo que decidiera atacarles. Los soldados de la guardia y unos pocos indios aliados se preocuparon más de recuperar los jamelgos que de las balas y flechas que llovían sobre el vivaque. Consiguieron recobrar casi todos los animales, pero para entonces el campamento estaba prácticamente arrasado. La polvareda les dificultaba la visión y sólo escuchaban gritos, disparos y lamentos. En medio de la nube de polvo divisaron a unos cuantos compañeros que escapaban de la matanza hacia donde ellos se encontraban. Eran perseguidos por decenas de Pawnees como una jauría de lobos acosando a su víctima. Los dos soldados más rezagados fueron alcanzados por disparos de mosquetes ocultos en la tolvanera. Los que corrían delante, arrastrando a otro compañero herido, estaban a punto de caer bajo las lanzas y hachas homicidas. Griego no se lo pensó dos veces. Montó a caballo y con otros tres dragones cargó contra los Pawnees que hostigaban a los que buscaban la salvación.

-Felipe, organiza la defensa y prepara los animales para partir inmediatamente. –Ordenó Griego.

Tamariz hizo el amago de acompañar a Griego pero éste le dijo que cumpliera la orden que acababa de darle. El jefe Carlana, con su peculiar español, aconsejó a Felipe que hiciera caso a Griego porque no saldría vivo de la carnicería.

-Soldado, no puedes hacer nada por ellos. Cuanto antes nos marchemos, más probabilidades de vivir tendremos. – Sentenció el jefe Apache sujetando el brazo de Tamariz quien ya tenía el pie en el estribo de su silla de montar.

Tamariz miró al Carlana y asumió que tenía razón. Ubicó a su escasísima tropa para repeler el inminente ataque de los Pawnees. Pueblos y Apaches se colocaron junto a los soldados para arrojar también sus flechas contra los atacantes y formaron con los dragones una línea sobre la que tres veces se estrellaron los desnudos enemigos. Mientras tanto, Griego había cabalgado hasta donde estaban los desesperados refugiados del campamento. Vio al capitán Aguilar malherido y mandó a dos dragones que auxiliaran al oficial.

-Llevaos al capitán. Yo protegeré vuestra marcha. – Ordenó el cabo.

Griego interpuso su caballo entre los que huían y sus perseguidores y desde la montura descargó su carabina matando a unos de los Pawnees. Desenvainó la espada y esperaba al resto de atacantes cuando una flecha atravesó el cuello del jaco que cayó al suelo arrastrando a su bizarro jinete. Uno de los dragones que le habían seguido trató de ayudarle. Fue alcanzado por una certera lanzada que le traspasó mortalmente el costado. José se puso en pie y sable en mano se defendió valientemente. Más de un enemigo probó el recio acero de su "tizona" antes de que una bala se alojara en su pecho y apagara para siempre sus sentidos.

Los escasos afortunados que llegaron hasta donde estaba Tamariz le dijeron que no quedaba nadie con vida. Le contaron el gesto sobrehumano de su amigo Griego y que lo mejor era partir rápidamente. Aguilar, aunque gravemente herido, ordenó al cabo que organizara la partida. Instantes seguidos, apareció el teniente Montes Vigil con la noticia de la muerte de Griego y del otro dragón que intentó socorrerle. No había podido hacer nada por ellos porque había utilizado otro sendero entre los arbustos para alcanzar el campamento de los Pueblos y Apaches aliados y únicamente pudo observar el triste final del valeroso cabo. Felipe sabía que disponía de contados minutos. Si trataba de resistir otro ataque de los Pawnees, todos morirían inútilmente. Montaron a caballo y a todo galope escaparon de la masacre. Pueblos y Apaches siguieron a los soldados. Desde una pequeña loma, Tamariz se detuvo unos segundos y observó desde la distancia lo que quedaba del campamento. Todos los oficiales y dragones estaban muertos. Amontonados en círculo unos sobre otros y rodeados de más de un centenar de cuerpos inertes de

Pawnees. Éstos no fueron detrás de los fugados porque se entretuvieron en saquear la impedimenta y habían sufrido importantes bajas. Algunos salvajes remataban a los heridos moribundos que levantaban la mano pidiendo clemencia. Felipe atisbó entre la nube de polvo lo que parecía ser un uniforme francés pero no pudo confirmarlo. Tiró de las riendas del caballo para proseguir su camino. No quería mirar por más tiempo el dantesco espectáculo. Escribiría lo que había visto y dejaría constancia de lo sucedido.

-¡Maldita sea! –Pensó Tamariz mientras introducía la mano en un bolsillo de la cuera. – ¡He perdido el diario!".

Imagen 2. Dragón de Cuera

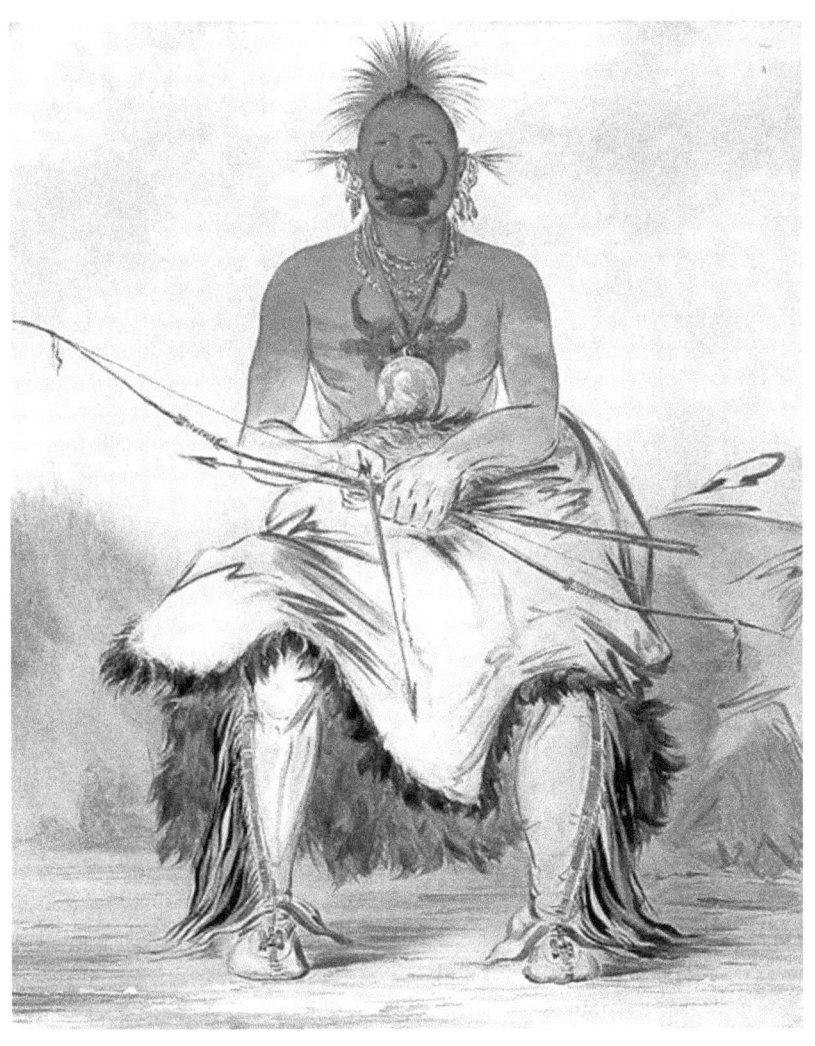

Imagen 3. Guerrero Pawnee. Obra de George Catlin. 1832.

Capítulo 6
DESPUÉS DE LA TRAGEDIA

Cuando los supervivientes llegaron a territorio de Apaches aliados, fueron recibidos cordialmente y pudieron descansar varios días hasta recuperarse de las heridas. El 6 de septiembre arribaron a Santa Fe con las funestas noticias. Sólo 20 días después de la "batalla". Valverde envió inmediatamente al propio Tamariz con la siguiente carta para que informara al Virrey Valero en Ciudad de México:

VALVERDE A VALERO, SANTA FE, 8 DE OCTUBRE DE 1720.[42]

Excelentísimo Señor.

Señor, en el correo que envié a su Excelencia el doce de junio[43] del presente año, comuniqué a Vuestra Excelencia que mi teniente general, que era Don Pedro de Villasur (que en paz descanse), había decidido dejar con prontitud esta villa de Santa Fe el decimosexto día del mes referido, para hacer el reconocimiento de los franceses como su Excelencia me ordenó. En realidad comenzó su viaje el día previsto, actuando con tal precisión en el cumplimiento de su obligación que prefirió perder su vida que volver al real presidio sin traer de vuelta la información particular de la región en la que los franceses estaban, porque si él no hubiera traído esta información, podría haber puesto en

---

[42] Traducido del inglés del libro de B. Thomas, Alfred. Op. Cit. Págs. 162-167.
[43] Es un error de Valverde. El correo tiene fecha del 15 de junio.

peligro su reputación al no satisfacer el gran deseo de su Excelencia, quien debía ser informado con exactitud en este asunto.

Previa citación de las órdenes más necesarias y adecuadas a dicho don Pedro, tanto de palabra como por escrito, partió con cuarenta soldados, algunos colonos y aliados indios. Después de haber marchado con buena fortuna, llegó a orillas de un gran río que divide a la tribu de los Apaches Cuartelejo, que son nuestros aliados, de los Pananas, que son los de los franceses. Ordenó instalar el campamento, en donde, a cierta distancia de un asentamiento de Pananas podía ser visto. Habiendo llevado previsoramente bajo su mando a un indio de esta tribu como intérprete, el siervo[44] del capitán Cristóbal de la Serna, un colono, que se ofreció voluntariamente para esta campaña, se las arregló para informarse a través de algunos de los Pananas de la región dónde se decía que estaban los franceses. Ellos vinieron a inspeccionar nuestras fuerzas y dijeron que no había españoles[45] entre ellos. Por esta razón, ordenó al capitán Juan de l'Archévèque de la nación francesa, también un colono en esta villa, que escribiera una carta en su idioma. El intérprete indio, la recibió, se marchó inmediatamente y trajo de vuelta una respuesta en papel viejo que nuestro francés no entendía en lo más mínimo. Al mismo tiempo, un indio de los suyos vino con una bandera de lino. A él le dio otra carta. Debido a la falta de papel blanco,[46] tal vez, la escritura era de tal forma que no podía ser descifrada. Con el fin de que pudieran comunicarse, otra carta fue escrita en el idioma español en papel, con tinta y pluma, para que pudieran tener algo que comprendiesen. Esperaron dos días y, cuando no respondieron, surgió la preocupación de que estaban planeando alguna treta, y tal fue el caso, como se deduce de lo que luego ocurrió.

Al ver el retraso del mensajero y de la respuesta, el general decidió mejorar su posición para garantizar la seguridad de su persona y la de sus hombres. Se retiró por el río a unas ocho o diez leguas. Cuando parecía

---

[44] Sistaca.

[45] Léase franceses. Para los nativos de la región, español era sinónimo de hombre blanco. Los primeros europeos con quienes tuvieron contacto.

[46] Se refiere a que como la bandera era de lino y no de papel, el lino pudiera ser la causa de la ilegibilidad de la escritura.

Después de la Tragedia

que estaba en menos peligro, se estableció el campamento y encargó a sus subalternos que estuvieran atentos. De esta manera ellos estaban bien preparados para pasar la noche. Pero como uno no puede fácilmente estar prevenido ni advertido contra todos los incidentes, tales como la traicionera perfidia, donde pensaban que estaban seguros ocurrió la desgracia más importante que ha llegado a pasar en este país.

Aquí excelentísimo Señor, una digresión es necesaria porque mi corazón está roto con el penoso deber de tener que relatar esta triste tragedia. Cuando contemplo esos campos con la sangre derramada de los que eran los más excelentes soldados en todo este reino, y que sacrificaron sus vidas al servicio de Dios y del rey, mi señor, a manos de la barbarie impía de los enemigos de nuestra santa fe católica, estoy convencido de que algunos eran hugonotes heréticos[47] cuya insolente audacia ni siquiera perdonó la inocencia del sacerdote que iba como capellán. Bien desearía que mi inquebrantable lealtad con el servicio real pudiera excusarme de dar cuenta de una noticia tan lamentable como la que hoy en día inunda este desgraciado reino, que, aunque tan pobre, es el baluarte de toda la Nueva España. Pero mi obligación no me exime de dar cuenta a Vuestra Excelencia, en consecuencia, como he aprendido de los pocos que escaparon del encuentro. A partir de éstos traté de conocer la verdad y he formado una narrativa honesta; por lo tanto vuelvo a la relación del evento.

Le dije que el general se había retirado hasta el río mencionado anteriormente, debido a que los enemigos habían capturado a uno de nuestros indios auxiliares, que con exceso de confianza había ido a bañarse con uno o dos más. Estos últimos, a fuerza de perseverancia, se salvaron. Al día siguiente, al amanecer, él ordenó que la caballada fuera llevada al campamento y que los caballos que habían ensillado para traer los que faltaban, fueran desatados. Inapropiadamente para la época de año en que estamos e impropio para lo que sería habitual en esta región (ya que la costumbre de lanzar una emboscada es justo antes del amanecer); estos bellacos, con el fin de aprovechar su cobarde propósito, permanecieron en la clandestinidad hasta que el sol había salido, dando tiempo a nuestra gente para disminuir su precaución, algunos fueron

---

[47] Protestantes franceses.

sorprendidos mientras reunían los caballos, otros cuando recogían la impedimenta, y todos ocupados. Se cree que quien aconsejó el ataque en esos momentos puede haber sido el indio Panana[48] que, de forma desleal, había permanecido en el campamento enemigo. Sólo con esa advertencia pudieron haber atacado todos a la vez y sorprender a nuestros hombres desmontados; de lo contrario nuestros hombres podrían haberse retirado ante el gran número de individuos que los atacaron. Éstos, en opinión de todos eran más de doscientos soldados usando arcabuces y un número indeterminado de indios Pananas como aliados. La descarga de los mosquetes, la confusión y los gritos de los indios, provocó una estampida en nuestros caballos por lo que fue necesario que quienes los tenían a cargo se dedicaran a recuperarlos, lo que hicieron, llevándolos a poca distancia del campamento, donde, por el humo y el polvo que se formó, apenas podían verse unos a otros. Pero no obstante, podían distinguirse las voces de los pocos que con gran espíritu se defendieron de tal multitud de enemigos contra la que el valiente cabo a cargo de los caballos se lanzó a la batalla con otros tres, que le siguieron. Ellos rompieron el cerco que el enemigo había hecho, matando a muchos de los indios Pananas. Aprovechando esto, siete de nuestros hombres consiguieron escapar, aunque dos fueron gravemente heridos con disparos y flechas, habiendo quedado el mencionado cabo y uno de sus compañeros muertos en el ataque.

Por lo tanto, excelentísimo Señor, los que perecieron en este ataque fueron mi teniente general, Don Pedro de Villasur, el Reverendo Padre Fray Juan Mínguez, Capellán de la Orden Seráfica, cinco cabos de escuadra, diecinueve soldados, el francés Juan de l'Archévèque, (Nota: Juan de l'Archévèque asesinado a manos de los franceses) el capitán Cristóbal de la Serna, cuatro de mis siervos, y los once indios aliados, con el capitán mayor de guerra, José Naranjo. En total el número asciende a cuarenta y cinco personas.[49] Los que escaparon con vida eran un oficial de milicias, un cabo de la escuadra, once soldados y un colono,[50] todos

---

[48] Sistaca.
[49] Cuarenta y seis: 34 españoles, el francés l'Archévèque y once indios Pueblo.
[50] En realidad un capitán de milicias, un teniente, un cabo y once soldados. Además de 49 indios Pueblo y un número indeterminado de Apaches Cuartelejo.

muy mal heridos. Aunque el enemigo obtuvo la victoria y todos los suministros y provisiones de guerra, no le salió muy barata porque, según lo que me dicen y afirman los supervivientes, algunos de ellos [los Pananas] murieron con su jefe. Aquéllos a su regreso tuvieron la buena fortuna de encontrar refugio entre los indios de la tribu Apache quienes salieron a su encuentro con gran afabilidad, dando signos de mucha aflicción a causa de la desgracia de los que se quedaron muertos. Debemos preguntarnos cómo es que, siendo paganos y viendo a nuestros hombres tan debilitados en salud y fuerza, no intentaran quitarles los caballos que traían con ellos; que habría producido más bajas que los que perecieron en el encuentro. No sólo no lo hicieron, sino que los mantuvieron en su compañía con mucha amabilidad por dos días, apoyándoles y socorriéndoles con sus escasos recursos. Su excelente conducta no se detuvo aquí, ya que todos ellos se ofrecieron a tomar venganza, manifestando un gran deseo de que los españoles volvieran a esas fronteras con el fin de que, aliados juntos, pudiéramos hacer la guerra con eficacia contra los franceses y Pananas.

Ellos dijeron que la manera de vivir de los franceses era en fuertes casas redondas, en las que viven cuatro personas. Sobre los tejados sitúan grandes arcabuces, que a mi entender son morteros de piedra o piezas de campaña. Ellos han visto cuatro asentamientos que son los más cercanos a la región a la que nuestros hombres llegaron, estando a tres o cuatro leguas de distancia. Dos mujeres indias de la nación Apache, que los franceses tenían cautivas y que había escapado, las vieron individualmente.

Debido a que su Excelencia quizá desee ser más ampliamente informado del evento, le envío este correo por uno de los que estuvo en la refriega que, como testigo ocular, le podrá dar una explicación completa de lo sucedido.[51]

Quiero ahora someter a la soberana consideración de su Excelencia el estado en que me encuentro en este reino, que por naturaleza es pobre, sin recursos. Lo que más me apremia es la necesidad de treinta hombres, los mejores entrenados y con experiencia en la guerra con los indios en que está constantemente activo este reino. Un gran

---

[51] Felipe Tamariz.

número de naciones, las tribus Utes, Comanches y Apaches Faraones, invaden el reino ocasionando muertes y robos. Ellos tienen su refugio en el territorio alrededor de esta villa hasta la jurisdicción del Paso del Río del Norte y de la Junta de los Ríos. Para la defensa de este reino yo estaba listo para marchar personalmente tan pronto como mi teniente general y sus compañeros hubieran regresado. Me he visto obligado a alterar mi propósito debido a los fatales sucesos que han tenido lugar, aunque estoy decidido a realizar la campaña para frenar su audacia con los soldados de este presidio, veinte de los cuales voy a destacar de este presidio a cargo del capitán Don Juan Domingo de Bustamante, debido a la gran confianza que tengo depositada en él, quien sabrá cumplir con su obligación al servicio del rey.

Puesto que, en el informe anterior he dado cuenta a su Excelencia de la falta de suministros para la guerra que hay en este reino, quiero mencionarlo de nuevo en el cumplimiento de mi deber, por lo que las circunstancias pudieran traer. En la actualidad, es presumible que los franceses tal vez deseen tomar ventaja de la situación con la ayuda del Panana que permaneció entre ellos[52] y el otro que capturaron, a la que se podría añadir el diario[53] y el itinerario que mi teniente general estaba haciendo a mi orden con el fin de ponerlo en manos de V. E. en cuanto regresara. Ahora excelentísimo Señor, después de haber dado a conocer la escasez causada en el reino por la pérdida de los hombres que murieron en esta campaña, es muy oportuno y necesario poner ante la alta consideración de su Excelencia la necesidad de reclutar treinta o cuarenta hombres para cubrir las vacantes. Hay que decir que es muy importante que sean españoles, de edad avanzada, a fin de que puedan ser competentes (aquéllos que pueden estar inclinados) en asuntos militares, de modo que los gobernadores que puedan venir a administrar este reino los tendrá a mano para las muchas ocasiones que surgirán. Con todo, yo garantizo que para cumplir con la cuota de cien soldados que Su Majestad (que Dios guarde) ha asignado a este reino, hay un número suficiente de ellos para ser soldados, pero no con esa aptitud necesaria de responsabilidad; y que no deberían tener una inteligencia muy limitada.

---

[52] Sistaca.
[53] El que escribía Felipe Tamariz.

Por todo lo cual me pongo con toda humildad ante la soberana magnanimidad de su Excelencia con el fin de que vuestra Excelencia pueda determinar lo que considere más adecuado y a cuya opinión, con toda humildad, yo sujeto la mía. Ruego a su Divina Majestad guarde la importante vida de V. E. y su mayor nobleza.

>Villa de Santa Fe, 8 de octubre de 1720.
>Excelentísimo Señor.
>A los pies de Vuestra Excelencia. Antonio de Valverde Cosío.
>Excelentísimo Señor, Marqués de Valero.

Tamariz alcanzó Ciudad de México, capital del virreinato, el 3 de Noviembre. Las desalentadoras revelaciones causaron una gran consternación entre las autoridades virreinales. El cabo, portador de la carta, fue convocado a la sede del auditor de guerra para que testimoniara de todo lo acontecido. De lo dicho por Tamariz, el auditor dedujo que el ataque lo habían realizado conjuntamente Pawnees y franceses, lo que suponía una ruptura de la tregua (tratado de La Haya firmado en febrero) por parte de los últimos y requería se informara inmediatamente al rey del reinicio de hostilidades en Norteamérica, al tiempo que proponía reforzar la guarnición de Santa Fe en previsión de una invasión de tropas francesas desde el Norte y que se construyera a la mayor brevedad posible el presidio solicitado por Valverde en la Jicarilla. No obstante, España firmaba con Francia, el 27 de marzo de 1721, un tratado definitivo de paz que alejaba "oficialmente" toda sospecha de intervención francesa en la emboscada.

El virrey también recibió opiniones contrarias a Valverde y críticas con su decisión de enviar a Villasur a recabar noticias de la presencia francesa al norte del río Jesús y María. Las invectivas señalaban a Valverde. Le hacían culpable de no haber comandado él mismo la expedición y de mandar en su lugar a su segundo en el mando, el desdichado teniente gobernador don Pedro de Villasur, un militar sin experiencia en la lucha contra los indios. El principal acusador fue el capitán Félix Martínez, predecesor de Valverde en el cargo y su enemigo declarado. Todos los informes remitidos por Martínez al virrey Valero fueron posiblemente obtenidos de lo que pudieron decirle los testigos de la masacre, pero resultaron claves en la apertura de la investigación de lo sucedido.

MARTÍNEZ A VALERO, MÉXICO, 1720.[54]

…Todo esto obligó al teniente general a estar atento y tener cuidado. Esto le llevó a mover el campamento y cuando alcanzó cierta distancia, se detuvo. El maestre de campo, Tomás Olguín, le recomendó que, dado que había comenzado la retirada, deberían continuar, porque el enemigo estaba cerca y que el lugar en el que había situado el campamento no reunía las condiciones para resistir al enemigo. Villasur le respondió que él [Olguín] tenía miedo y que iban a detenerse allí. Él le respondió que nunca había conocido el miedo y que sólo comentaba lo que parecía más prudente. No obstante, el jefe mantuvo su opinión, acampando en medio de espesa hierba más alta que la estatura de un hombre. Desde allí envió los caballos a pastar dejando a los hombres a pie y sin la menor clase de guardia contra el enemigo, yéndose aquéllos a dormir con la misma despreocupación que si estuvieran en sus casas.

Y así, al amanecer del 13 de agosto,[55] el enemigo cayó sobre ellos, y sin perder un sólo hombre, ni nuestros hombres disparar sus armas, ni siendo apenas capaces de sacar un cuchillo, mataron a todos los que se hallaban en el campamento. Sólo escaparon aquéllos que estaban custodiando los caballos que, al ver a todos sus compañeros muertos, huyeron a la villa de Santa Fe, donde llegaron el día 6 de septiembre. Al no encontrar a don Antonio en la ciudad, porque estaba en una inspección, se fueron a darle la noticia en el pueblo de Santo Domingo,

---

[54] Traducido del inglés del libro de B. Thomas, Alfred. Op. Cit. Págs. 184-185.
[55] Error de Martínez. El ataque se produjo el 14 de Agosto.

donde se encontraba. Esto, excelentísimo señor, es el relato real y verdadero de lo que sucedió en esta campaña.

Por mucho que lo ocurrido pueda ser presentado de manera distorsionada a su Excelencia, es la más triste, la más lamentable, y el evento más fatal que ha ocurrido en Nuevo México desde la época de la conquista. A parte del Padre Fray Juan Mínguez, un religioso franciscano que fue como capellán, y el teniente general don Pedro de Villasur, murieron treinta y tres de los mejores oficiales y soldados que en ese presidio había, y que aparecen en la lista al margen, y once de nuestros indios confederados. Así, en la villa de Santa Fe, treinta y dos viudas y muchos niños huérfanos, cuyas lágrimas alcanzan el cielo, lamentan la incapacidad del gobernador, ruegan a Dios por su castigo, y esperan la reparación de vuestra justicia.

A pesar de que hemos incluido un pequeño extracto de todo el informe de Martínez, la contundencia de sus palabras muestran claramente sus intenciones: llevar ante los tribunales a Valverde y conseguir que se le aplique un castigo ejemplar. Pero analizando lo que dice Martínez, podemos hacer algunas matizaciones.

En el capítulo precedente hemos señalado que Valverde, posiblemente de manera injusta, acusó a Olguín de no hacer caso de las advertencias de un cabo de la guardia que escuchó el ladrido del perro y el chapoteo en el río y que el capitán consideró además el aviso una prueba de la falta de valor del cabo al que los nervios "le jugaban una mala pasada", por lo que no informó a Villasur, quien sin duda habría tomado alguna medida para comprobar los alarmantes informes. Estas imputaciones de Valverde se verán de forma más extensa en el capítulo 7. Sin embargo, en el informe de Martínez leemos que es Villasur quien recrimina a Olguín por tener miedo, una conversación que difícilmente se habría producido delante de testigos y de la que no hay constancia alguna. Por tanto, tan improbable nos parece lo expresado por Valverde como lo mencionado ahora por Martínez.

Éste también falsea algunos datos. Si bien es cierto que Villasur no puso a soldados de centinelas en el campamento (no así en la vigilancia de los caballos), no es menos cierto que encargó la guardia a los indios Pueblos aliados, lo cual se conoce por declaraciones de los supervivientes. Puede que fuera un error estratégico, pero la sentencia de Martínez "…envió los caballos a pastar dejando a los hombres a pie y sin la menor clase de guardia contra el enemigo" es completamente artificial.

La afirmación más injuriosa que refiere Martínez es la de que "… el enemigo cayó sobre ellos, y sin perder un sólo hombre, ni nuestros hombres disparar sus armas, ni siendo apenas capaces de sacar un cuchillo, mataron a todos los que se hallaban en el campamento." Está sobradamente demostrado que aunque el ataque debió durar pocos minutos al ser cogidos sorpresivamente los soldados españoles, los dragones que no fenecieron con los primeros disparos hicieron uso de sus mosquetes y abatieron un considerable número de Pawnees.

Todo lo anterior nos permite concluir que, aun aceptando el hecho de que Valverde acusara indebidamente a Olguín (un experimentado oficial en los enfrentamientos con los indios de la frontera y con muchos años sirviendo en el ejército), Martínez sólo buscaba "sentar en el banquillo de los acusados" a su rival, con acusaciones inventadas y carentes de rigor.

Por otro lado, en descargo de Valverde, tenemos que decir que el gobernador asignó a sus mejores hombres a la empresa, y que además estaba convencido de la capacidad de Villasur para dirigir la expedición.

Capítulo 7
INVESTIGACIÓN Y JUICIO A VALVERDE

Después del desastre, se llevaron a cabo una serie de investigaciones sucesivas durante varios años para dirimir responsabilidades, castigar a los posibles culpables de la derrota y hacer providencias para asegurar el futuro de Nuevo México. El 9 de diciembre de 1720, el Auditor de Guerra don Juan de Oliván Rebolledo, el primero que se ocupó del caso tras escuchar el testimonio del cabo Felipe Tamariz como hemos visto en el capítulo anterior, hizo varias recomendaciones al virrey Valero después de tomar declaración a los testigos y recabar la opinión de otros oficiales, entre ellos la del capitán Martínez.

En primer lugar, instó a que los cuarenta y cinco soldados[56] perdidos en la batalla fueran sustituidos por tropas experimentadas que hubieran servido al rey en el Viejo Continente.

"…es necesario que el número de soldados que fueron asesinados sea reemplazado, que pueden ser seleccionados en esa capital de entre los que han servido a su majestad en Europa, para cuyo propósito su Excelencia puede dar la orden de que se presenten por sí mismo quienes

---

[56] Este número no es exacto. Recordemos que hubo 35 muertos españoles si contamos al capitán L'Archévèque y al padre Juan Mínguez.

reúnan esa condición en vuestra real capitanía. Con este fin se puede publicar una proclama para que a costa de su salario se pueda cumplimentar, equipados y armados, no sólo para que el gobernador pueda disponer de soldados instruidos en la disciplina militar europea, sino también para que puedan enseñar al resto de los presidiales y milicias de esta capital a defenderse contra los franceses, preservar la conducción de los asuntos militares como se practica y se estableció en Europa; y esperar el ataque que predice el correo..."[57]

En segundo lugar, recomendó que el rey de España fuera informado de que los franceses[58] habían violado la tregua acordada en el Tratado de la Haya de febrero de 1720 que ponía fin a la Guerra de la Cuádruple Alianza, firmado sólo seis meses antes del ataque.

"...Que lo sucedido revela una flagrante violación de la tregua, de lo que vuestra Excelencia se complacerá en informar a su majestad con el testimonio recogido en estas actas..."[59]

Por último, reclamó a la creación de nuevos presidios en La Jicarilla, la región al noreste de Santa Fe.

"...que pueda ser erigido el presidio sobre el que se deliberó en el Consejo, y que vuestra Excelencia decidió que se construyera en la región de La Jicarilla, cuarenta y cinco o cuarenta y seis leguas distantes al noreste de la capital Santa Fe, para ayudar a los Apaches acogidos en esta misma zona de La Jicarilla, y para servir como baluarte de este reino, ya que está en la ruta que va directamente a los asentamientos de la Pananas y franceses; que los veinte y cinco hombres que fueron acordados para ocupar este presidio también puedan ser de aquéllos que han servido en

---

[57] Traducido del inglés del libro de B. Thomas, Alfred. Op. Cit. Págs. 175-176.
[58] A pesar de que no había ninguna constancia de que los franceses hubieran participado en el ataque.
[59] Traducido del inglés del libro de B. Thomas, Alfred. Op. Cit. Pág. 176.

Europa; y que se puedan enviar las armas y suministros que pudieran ser necesarios para su establecimiento…"[60]

Dos años más tarde, ninguna de las recomendaciones de Oliván Rebolledo se habían realizado.

En 1722, el visitador Antonio Cobián Busto fue designado para investigar más a fondo las causas de la derrota de Villasur. Comenzó sus indagaciones en Nuevo México el 22 de octubre, pero renunció al cargo antes de llegar a ninguna conclusión.

Su sucesor, don Pedro de Rivera, inició su gira oficial de inspección fronteriza en 1724. No se presentó en Santa Fe hasta junio de 1726, momento en el que se reanudó la investigación de la responsabilidad del gobernador Valverde en la catástrofe de Villasur.

En julio, Rivera recibió los testimonios de dos testigos presentes en la masacre, el del capitán de milicias Alonso Rael de Aguilar y el del cabo Felipe Tamariz, junto con la explicación del propio Valverde de por qué tomó tales medidas. El fiscal Miguel Palacios, como veremos en los documentos que se incluyen más adelante, habría absuelto a Valverde. Sin embargo, el Auditor de Guerra don Juan de Oliván Rebolledo no estuvo de acuerdo. La exposición que presentó el 29 de mayo de 1727, que también aparece en los siguientes documentos, incidió en la incompetencia de Villasur y por lo tanto mantuvo que el gobernador era responsable de haber enviado a un subordinado sin experiencia en la guerra contra los indios. La opinión de Oliván Rebolledo prevaleció y Valverde tuvo que pagar una multa de 200 pesos. No obstante, había dejado el puesto de gobernador de la provincia de Nuevo México en 1721 cuando el virrey de Nueva España nombró a su sucesor don Juan Estrada de Austria. El fracaso

---

[60] Traducido del inglés del libro de B. Thomas, Alfred. Op. Cit. Pág. 176.

de la expedición de Villasur había afectado suficientemente a su reputación como para seguir siendo la máxima autoridad neomexicana.

"Aguilar entró un poco sobrecogido en la sala del tribunal. Tenía que declarar sobre los sucesos acaecidos seis años atrás, cuando la expedición del teniente general don Pedro de Villasur fue aniquilada por los Pananas cerca del río San Lorenzo. Él formaba parte de aquella expedición como capitán de los vecinos milicianos y consiguió salvar la vida, aunque gravemente herido. No le gustaba recordar la tragedia. Muy buenos compañeros y amigos habían perecido en la masacre y todavía se sentía culpable de ser uno de los supervivientes. Le costaba mirar a los ojos de las viudas y huérfanos de los fallecidos. Parecía como si aquellos ojos tristes y penetrantes le preguntaran una y otra vez por qué él había escapado y su marido o padre estaba muerto. Después del tiempo transcurrido pensaba que el caso estaba cerrado. Cuando recibió la notificación del auditor se llevó un buen susto. Al principio creyó que le acusarían de algo, pero en la misiva sólo le ordenaban presentarse en el juicio para declarar.

-El escribano tomará juramento al testigo. –Ordenó el auditor de guerra don Pedro Rivera.

El funcionario, cumpliendo el mandato del presidente del tribunal se dirigió con voz solemne a Aguilar y le preguntó:

-¿Juráis por Dios y ante la Santa Cruz responder fielmente con la verdad a todo lo que se os pregunte?

Aguilar tragó saliva, miró fijamente al auditor de guerra y respondió: -Sí, juro.

El auditor inició el interrogatorio preguntando al testigo si sabía o conocía los motivos que llevaron al entonces gobernador de Santa Fe, don Antonio Valverde, a no dirigir personalmente la expedición al territorio de los Pananas y enviar en su lugar a su subordinado don Pedro de Villasur. Aguilar contestó que desconocía los motivos.

-¿Conoce el testigo las causas que originaron dicha expedición? –Continuó Rivera.

-Sí, excelencia. Don Antonio organizó la expedición porque en una campaña anterior supo de la presencia francesa al norte del río Napestle[61] por un indio de la nación Apache que había sido herido por arma de fuego. Según parece el disparo lo efectuó un hombre blanco.

Seguidamente, Aguilar narró las vicisitudes de la expedición. La llegada al río San Lorenzo, la huida de Sistaca, el indio sirviente del capitán don Cristóbal de la Serna, la decisión de la junta de alejarse de los Pawnees cuya opinión era contraria a la de Villasur que pretendía avanzar hasta el poblando nativo y el cruel ataque que sufrieron al amanecer del 14 de agosto cuando estaban desprevenidos y entumecidos por el rocío de la mañana. En ese momento, Aguilar dejó de hablar. Estaba a punto de emocionarse y le costaba articular palabra. Rivera, viendo el difícil momento por el que estaba pasando el veterano capitán, llamó a uno de los guardias.

-Traigan al testigo un vaso de agua.

Rael bebió unos sorbos y continuó el relato.

-Como estaba diciendo, excelencia, al amanecer una horda de salvajes se lanzó sobre nosotros como ávidas fieras asesinas. Hubo una descarga inicial que mató a muchos de los nuestros y los que sobrevivieron a los primeros disparos trataron de resistir valientemente pero sin esperanza alguna ante la multitud de enemigos. Yo pude escapar con numerosas heridas en mi cuerpo, y creo recordar que otros once españoles me acompañaron. De este dato no estoy muy seguro porque han pasado muchos años y no sabría decir si nos salvamos doce o alguno más. También murieron doce o trece de

---

[61] Río Arkansas.

nuestros indios confederados que lucharon con gallardía para ayudar a los soldados. No sabría decirle mucho más excelencia. Pero lo que he contado es la verdad de lo que pasó.

- Esta bien capitán. El testigo firmará su declaración y la misma se unirá al expediente final. —Sentenció el auditor de guerra.

Al día siguiente, 2 de julio, fue llamado a testificar Felipe Tamariz. El antiguo cabo de dragones vestía una humilde casaca marrón y pantalón de montar de idéntico color. Cuando estuvo delante del tribunal se descubrió la cabeza, hizo una leve reverencia y colocó bajo el brazo, apretándolo junto a su cuerpo, el sombrero de tres picos que había llevado puesto. Tras prestar el juramento de rigor, comenzó el relato de su versión de los hechos.

-Yo era cabo de dragones en la expedición que en 1720 viajó a las tierras de los Pananas. La expedición la dirigía su excelencia, el entonces teniente general don Pedro de Villasur.

En términos generales, la historia de Felipe coincidía con lo comentado por Rael de Aguilar salvo en la parte en la que Tamariz explicó que él estaba de guardia junto a los caballos, que cuando comenzó el ataque los animales se espantaron y que sólo tuvo tiempo para recuperar a unos cuantos y auxiliar a los heridos que escapaban del real.[62]

-El cabo Griego, jefe de la guardia, me ordenó permanecer junto a las monturas mientras él trataba de socorrer a los que huían del campamento. Junto a tres dragones cargó contra los indios que perseguían a nuestros compañeros y consiguieron salvar la vida de algunos. Lamentablemente, Griego y uno de los dragones que le siguieron cayeron bajo los criminales golpes de los salvajes. Yo formé una línea para defendernos de los Pananas que se acercaban. Los indios confederados nos apoyaron en la

---

[62] Campamento.

defensa. Por tres veces rechazamos el ataque de los nativos, pero nos superaban tanto en número que tuvimos que desistir y retirarnos. –Relató Tamariz.

-Tengo entendido que el testigo mantenía el diario de la campaña. ¿No es así? –Preguntó Rivera.

-Es cierto, excelencia. Pero lo perdí en medio del desconcierto que se produjo. No obstante, escribí otro con lo que recordaba y que entregué a las autoridades de Nueva España. –Aclaró Tamariz.

-¿Tiene algo más que declarar? –Volvió a preguntar Rivera

– No excelencia... Bueno sí. Hay una cosa que me gustaría decir. Don Pedro era un buen soldado y una gran persona. No me gustaría que se pusiera en duda su honradez o su valor. –Añadió Tamariz.

-Señor Felipe, este tribunal no juzga la bondad u honradez de don Pedro. Estamos tratando de dilucidar si el entonces gobernador de Santa Fe, don Antonio Valverde, cometió alguna negligencia enviando a don Pedro en tan difícil misión en lugar de ir él mismo. –Explicó el auditor de guerra.

-Lo siento excelencia. Sólo he querido decirlo porque no me complacería que se manchara la memoria de don Pedro. Y si vuestra merced me permite una cosa más…

-Diga lo que quiera.

-Si don Antonio no dirigió la expedición, sus buenas razones tendría para ello. En todo el tiempo que le conocí, nunca retrocedió ante el peligro y siempre sirvió con justicia a su majestad.

-Gracias por sus explicaciones. El testigo puede retirarse. Este tribunal se reunirá el próximo día 5 y escuchará el testimonio del principal encausado.

Don Antonio presentaba un aspecto abatido y cansado. Había dejado el ejército poco tiempo después de ser destituido en el cargo de gobernador y había prosperado en los negocios.

Tenía una pequeña hacienda que le daba lo suficiente para vivir holgadamente aunque sin excesivos lujos. En los últimos meses su salud había empeorado. "Demasiado tiempo al sol y demasiado polvo en los pulmones. Vuestra merced debería buscar un lugar con un clima más frío y con el aire más limpio," le había dicho el médico. Valverde pensó en su Burgos natal cuando siendo un niño se tumbaba en medio de los verdes prados y aspiraba el profundo olor a hierba fresca. El viaje hasta España era lo más difícil. Con su salud quebrada, tardaría varias semanas en llegar a Veracruz y durante el trayecto tendría que soportar la polvareda del camino. Luego, otras cuatro o cinco semanas más en cruzar el Océano. Desconfiaba que en su estado volviera a ver su tierra. Además, ya no tenía a nadie que le esperara. Como otros muchos españoles que se lanzaban a la aventura americana, sabía que el regreso era casi un imposible y que la despedida de sus familiares era para siempre. Había quien incluso dejaba a su esposa e hijos y nunca volvía a verlos.

-¿Juráis por Dios y ante la Santa Cruz responder fielmente con la verdad a todo lo que se os pregunte? Demandó como era obligado el escribano.

-Sí, lo prometo.

-¿Podéis indicar vuestro nombre completo, villa de nacimiento, estado, profesión y residencia actual? -Interrogó el presidente del tribunal.

-Me llamo Antonio Valverde Cosío, nací en Villa Presente, pequeño caserío ubicado en las montañas de Burgos en el reino de Castilla, estoy soltero y tengo cincuenta y cinco años de edad, muchos de los cuales he servido como capitán de las fuerzas de presidio en los Reales Ejércitos de su católica majestad, el rey Felipe V de España. Actualmente resido en El Paso del Norte, donde me dedico a mis negocios particulares.

Luego siguieron las preguntas de rigor, muy parecidas a las que le hicieron a Rael de Aguilar y Felipe Tamariz, hasta que le formularon la pregunta que don Antonio estaba esperando.

-¿Por qué vuestra merced no comandó la expedición a la región de los Pananas para saber si los franceses se estaban asentando en tierras que pertenecían a la corona y envió en su lugar a don Pedro de Villasur, hombre inexperto en los asuntos militares, y por cuya negligencia muchos soldados e indios confederado murieron en la emboscada que padecieron en agosto de 1720? -Sentenció Rivera de forma tajante.

-Excelencia, debo protestar por ponerse en entredicho las cualidades castrenses de don Pedro, quien degraciadamente ya nunca podrá estar presente para defenderse de las sospechas vertidas sobre su capacidad militar. –Respondió un enfadado Valverde.

-Vuestra merced se atendrá a lo demandado, y se abstendrá de comentar las preguntas de este tribunal.

Don Antonio, mordiéndose la lengua, contestó que don Pedro era un soldado de larga experiencia y probadas aptitudes militares como había demostrado en todos los puestos que había ocupado en su larga carrera al servicio de su majestad. Y añadió a continuación:

-Yo no tenía órdenes del excelentísimo señor Virrey, marqués de Valero, de mandar personalmente la expedición. Su excelencia me había autorizado a ir yo expresamente o enviar a mi teniente general según mi parecer. Asuntos de vital importancia para el reino me obligaron a permanecer en Santa Fe, confiado que don Pedro sabría cumplir con su deber o morir en el empeño, como así ocurrió.

El auditor de guerra discrepó de su respuesta. Si don Pedro era un buen soldado, no lo había demostrado al dejarse sorprender por los indios.

-¿Cree el acusado que un soldado experto habría confiado la centinela del real a los indios confederados en lugar de a soldados veteranos? –Demandó inquisitoriamente Rivera.

Cuando Valverde intentó responder, el auditor le cortó con otra pregunta.

-¿Es vuestra merced también de la opinión de que el teniente general obró sabiamente cuando mandó un mensaje a los Pananas sin asegurarse previamente su disposición a parlamentar y sin tener la certeza de la presencia de los franceses?

Valverde aclaró que esas decisiones no demostraban nada, que en campaña las cosas se ven de diferente forma y que sus buenos motivos tendría don Pedro para obrar de aquella manera.

-Acorde con el sentir del capitán Félix Martínez, el lugar escogido para acampar no era el más apropiado, cercado por hierbas muy altas que facilitaban la ocultación de los salvajes. –Continuó aclarando Rivera.

-Excelencia, es de dominio público que el capitán Martínez y yo mantenemos una larga enemistad. Sus manifestaciones no deberían tenerse en cuenta en este juicio porque él no fue testigo presencial y todo lo que pueda decir o aportar a la investigación no busca esclarecer lo que ocurrió, sino verme con grilletes y arrojado a la celda más lúgubre que pueda haber en este reino. –Explicó Valverde.

-Creo que exageráis capitán. Martínez siempre ha sido un fiel y leal servidor de su majestad y vuestras rencillas personales no son motivo suficiente para anular su testimonio.

-¿Cómo valora entonces este tribunal que difamara la memoria del difunto teniente general alegando su incompetencia para la misión que se le encomendó?

Valverde, empleando la misma táctica que Rivera había utilizado anteriormente con él, cortándole bruscamente antes de que pudiera responder, volvió a hacer otra pregunta dejando al auditor de guerra con la palabra en la boca.

-Cuando todos los supervivientes afirmaron que nuestros soldados se batieron valientemente y mataron a muchos enemigos, evitando con ello que persiguieran a los que escapaban con vida, ¿no resulta extraño a este tribunal que el capitán Martínez afirme que los dragones presidiales no hicieron un solo disparo poniendo en duda su valía y experiencia adquirida en anteriores campañas y en las luchas con los indios?

Rivera estaba estupefacto. Con sólo dos preguntas Valverde había echado por tierra el testimonio de su rival. Si se recelaba de la capacidad militar de Villasur por las manifestaciones de Martínez, se vería afectado también el crédito de los soldados españoles que custodiaban la frontera norte de Nueva España que ante el ataque de un grupo de salvajes, no habían sido capaces de efectuar un solo disparo.

El interrogatorio finalizó con otras cuestiones de menor importancia que no soliviantaron a Valverde. Tras firmar su declaración, don Antonio abandonó apesadumbrado la sala del tribunal.

Cuatro meses más tarde, el fiscal emitía su parecer en el que exoneraba de toda culpa a don Antonio, pero el auditor de guerra, conociendo que el virrey quería un "cabeza de turco" para contentar a las familias y al gobierno de Madrid, emitió el siguiente veredicto en mayo de 1727:

-Este tribunal condena al que fuera gobernador de Santa Fe cuando ocurrieron los trágicos sucesos investigados por esta real audiencia, don Antonio Valverde Cosío, a pagar una multa de doscientos pesos, de los que cincuenta se detraerán para limosna de misas por las almas de los soldados que fallecieron en la enunciada facción y los ciento cincuenta restantes, para ayudar a la compra de cálices y ornamentos para las misiones de la Junta de los Ríos. Así lo afirmamos y sentenciamos.

El veredicto no fue muy duro con don Antonio, pero el leve castigo y desaprobación fueron suficientes para que su honor quedara mancillado. Su precaria salud y la deshonra a la que se le sometía le llevaron a la tumba diecisiete meses más tarde."

En el expediente que reproducimos a continuación, sobre la causa que se abrió para decidir si Valverde incurrió en algún tipo de negligencia por no dirigir él mismo la expedición y delegar el mando de la misma en Villasur, hay documentos traducidos del inglés y otros originales en español como se señalará en su momento. Todos han sido modificados para adaptarlos al español moderno. Los traducidos del inglés proceden de libro del historiador norteamericano Alfred B. Thomas, que profusamente hemos utilizado para desarrollar este trabajo ya que incluye poco más o menos todos los registros referentes al caso, así como los diarios de expediciones anteriores. Thomas tradujo del español dicha documentación y la publicó por primera vez en 1935. Los originales en español han sido obtenidos de la compilación de actas y legajos españoles referidos al Sur de los Estados Unidos editada por Diana Hadley y Thomas Naylor.

AUTOS HECHOS POR EL BRIGADIER DON PEDRO DE RIVERA EN RAZÓN DE LA PESQUISA CONTRA DON ANTONIO VALVERDE, GOBERNADOR QUE FUE DE LA NUEVO MÉXICO DE HABER CONFIADO EL RECONOCIMIENTO DEL RÍO JESÚS Y MARÍA Y POBLACIÓN DE LOS INDIOS PANANAS CONFEDERADOS CON LOS FRANCESES Y NO HABER IDO A ELLA COMO SE LE ORDENÓ POR EL SEÑOR MARQUÉS DE CASAFUERTE.[63]

Secretario Gorráez.

Auto de Rivera, El Paso, 13 de Mayo, 1726.[64]

En el real presidio de Nuestra Señora del Pilar y del glorioso Señor San José de El Paso del Río del Norte el día trece de mayo de 1726, el Señor Don Pedro de Rivera, brigadier de los reales ejércitos y visitador general de los presidios internos de estos reinos, que dispuso el excelentísimo señor Marqués de Casafuerte, virrey, gobernador y capitán general de estos reinos, en virtud de una real orden de su majestad (que Dios guarde), fechada en Madrid, el diecinueve de febrero del pasado año, 1724, y refrendado por el Señor Don Antonio de Sopena, tuvo a bien conceder a su señoría el cargo de visitador general de los presidios a que se refiere, dándole instrucciones secretas que se encuentran en el principal documento de su nombramiento, remitido a su excelencia, con el conocimiento de los señores, el fiscal de su majestad y el auditor general de guerra, el dieciséis de octubre del mismo año, 1724. De acuerdo con esto, después de haber inspeccionado algunos de los presidios del reino de la Nueva Vizcaya, tenía que ir a la provincia de Nuevo México para revisar los establecidos allí. Con motivo de la inspección general antes mencionada, por orden de su excelencia y ruego de los dichos señores, el fiscal y el auditor general de guerra, varios

---

[63]Error del copista. La orden fue dada por el virrey Valero.
[64]Traducido del inglés del libro de B. Thomas, Alfred. After Coronado. Spanish Exploration Northeast. Págs. 219-221. Norman University of Oklahoma Press. Second Edition. Estados Unidos. 1966.

memorandos de testimonios fueron entregados a su señoría, redactados por Don Antonio Cobián Busto en las inspecciones que empezó en estos y otros presidios de dicho reino de La Vizcaya, de conformidad con el nombramiento del excelentísimo señor, Marqués de Valero, ex virrey, gobernador y capitán general de estos reinos, por lo que su señoría [Rivera] podía seguir y fundamentarlas en el asunto al que corresponden, con respecto al cual el dicho Don Antonio Cobián había remitido en resumen.

Uno de los memorandos mencionados anteriormente que él elaboró fue por la inspección de este presidio comenzada el veintidós de octubre de 1722, siendo su propietario el capitán general don Antonio Valverde Cosío. El otro lo incluyó en el procedimiento en contra del mismo Don Antonio Valverde, entonces gobernador y capitán general de este reino de Nuevo México. En vista de ello, de acuerdo con la disposición establecida por los señores, el fiscal de su majestad, y el auditor general de guerra, las fechas del 10 de marzo y 19 de mayo de 1723, se solicitó a su excelencia que procediera tanto para la sustanciación de los atestados anteriormente mencionados como para la investigación de otros particulares que el auditor general estableció. En consecuencia de lo cual y de acuerdo con sus instrucciones, fueron entregados a su señoría. Ya que era conveniente tramitar el asunto antes de la inspección de este presidio, los funcionarios particulares fueron llevados a la villa de Santa Fe, la ciudad más importante de este reino, en la cual iban a ser verificados los procedimientos elaborados por el señor auditor general, siendo éstos la citación y el juicio del general[65] Don Antonio de Valverde, que está presente en este presidio. Su señoría tuvo que prescribir y mandar que fuera notificado que en el plazo de un mes, estuviera presente (en la villa de Santa Fe) con el propósito de oír y responder a los testimonios y procedimientos que pudieran ser requeridos. Para aquellos que se refieren a este presidio, debido a la falta de otras instalaciones, este tribunal de inspección se declara competente. En el mismo se formalizarán los procedimientos judiciales que se puedan proponer. Tendrán la misma fuerza y efecto como si se realizaran en su presencia.

---

[65] No es grado militar. Se refiere al cargo que ocupaba como gobernador al igual que Villasur era Teniente General por ser su segundo en el mando.

Se continuará con el registro de estas disposiciones y procedimientos judiciales, que por orden de su señoría se han preparado, porque lo que era necesario no estaba en la Nueva Vizcaya o en este reino.

Por este auto que así se dispone, ordenado, y firmado por triplicado. Don Antonio Valverde.

    PEDRO DE RIVERA
       [Rúbrica]
                                      Ante mí
                      FRANCISCO SANS DE SANTA ANA
                                 [Rúbrica]
                             El Escribano Real

Notificación a Valverde, El Paso, 13 de mayo, 1726.[66]

Notificación:

En el real presidio de El Paso del Río del Norte en el citado día 13 de mayo de 1726, yo, el escribano, leí y notifiqué al general Don Antonio Valverde Cosío en persona del anterior auto para que pudiera comparecer en la villa de Santa Fe para el propósito que se expresó y se estableció, a saber, el enjuiciamiento de los procedimientos y la sustanciación de las declaraciones juradas que el anterior contiene. Él entendió todo y dijo que acudiría a ello y que se presentaría él mismo tanto como citado por los procedimientos que pudieran proponerse en la villa de Santa Fe, como por aquellos que pudieran ser tratados en este presidio en lo que se refiere a la petición por la que es acusado, que está dispuesto a comparecer y que él partirá para esa villa de Santa Fe, al mismo tiempo que el señor visitador general, con el fin de aprovechar un convoy y una escolta segura, debido al peligro de los enemigos existentes por la distancia de la citada villa y porque no sería oportuno separar otros soldados de este presidio para su guardia. Esto presentó como su respuesta y ha firmado.

ANTONIO DE VALVERDE COSÍO
[Rúbrica]
FRANCISCO SANZ DE SANTA ANA
[Rúbrica]

---

[66] B. Thomas, Alfred. Op. Cit. Págs. 211-222.

Comunicación de Valverde a Rivera. Santa Fe. 1726.[67]

Señor brigadier y visitador Don Pedro de Rivera: Cuando el problema derivado de la malicia ha surgido, si no se pudiera encontrar ningún medio adecuado para su remedio, la esperanza se rendiría a la iniquidad y la mente se dedicaría a la pena. Mi propósito no es otro, Señor, en esta comunicación, que colocarme bajo la protección de la imparcialidad, la honestidad y la rectitud de un ministro tan conforme a la justicia como su señoría, para limpiar mi manchada reputación atacada por el propósito depravado de falsos impostores que se burlan de mí con insultos. Puesto que su malicia se caracteriza por un perfecto conocimiento de cómo agrupar facciones y unirlas para sus fines, que no me permiten la justificación de la realización con exactitud de la inviolable orden del señor Marqués de Valero, virrey de estos reinos, "quien me concedió en su despacho libertad de acción para que fuera yo, personalmente, el que lo hiciera u ordenara a mi teniente general un reconocimiento de la situación de los franceses y sus fortificaciones, y de remitir el expresado reconocimiento con todo lo que condujo a tal fin."

Porque me encontré en esa ocasión con órdenes duplicadas y obligaciones ineludibles con el señor virrey de las que no podía excusarme porque me lo exigía el cargo, yo me volví hacia la persona de mi teniente general, Don Pedro de Villasur, natural del reino de Castilla. Esta circunstancia es con la que mis enemigos y adversarios me refutan y de la que ellos escriben, y contra quienes yo protesto como falsos acusadores para que pueda aprovecharme de todas mis prerrogativas y derechos. Estos me acusan de la pérdida de dicho Villasur y de la completa derrota, tachándole de inepto. De esto procede la citación que fue ordenada por usted de que debía comparecer en la villa de Santa Fe en el juicio de este particular en virtud de la autoridad de su excelencia. Palabras de censura están siendo repetidas y extendiéndose entre sus seguidores, para agitar sus pacíficas mentes con quimeras de odio, lo cual es preocupante por las consecuencias hostiles que con ello se están preparando.

---

[67] B. Thomas, Alfred. Op. Cit. Págs. 222-224.

Para que usted pueda ser informado con mis derechos y los de aquél que fue Don Pedro de Villasur, y con el fin de destruir y desvelar la malicia y por sus consecuencias, y que usted pueda aprobar mi elección legal y reflejar su completa aprobación, estima, y la fama que esta persona merece, indico a continuación los puestos que ocupó esta persona: Alférez del real presidio de El Paso, como se desprende de sus títulos de: capitán de dicho Paso; alcalde mayor y capitán de guerra anteriormente de la provincia de Santa Bárbara en el reino de La Vizcaya; visitador de El Rosario y su jurisdicción para Don José de Neyra y Quiroga; alcalde mayor y capitán de guerra de la fortaleza y minas de Cosaguriache; y alcalde mayor y capitán de guerra de la villa de Chiguagua, cuyos habitantes pidieron su reelección. A este hombre le confié esta empresa. Digno por sus méritos y gran importancia, debido a su prudencia, valor e inmediato despacho que su resolución había hecho efectivo y debido a otras cualificaciones que aseguraban el éxito de la expedición, y habría logrado su objetivo en esta ocasión si no se hubiera visto frustrado por la negligencia de su subalterno, el maestre de campo, Tomás Olguín, quien, en opinión de todos en el reino, tenía fama de ser su mejor soldado.

Don Pedro de Villasur, habiendo llegado con su destacamento a las orillas de esta parte del río y habiendo inferido que en la otra orilla estaba la localización de los franceses y los Pananas, su experiencia y práctica en los asuntos militares apuntaron el peligro que se incurría si se permanecía en dicha orilla. Tras consultar con sus oficiales decidió retirarse. Así lo hizo; acelerando la marcha por el mismo camino que había venido haciendo tanta distancia como la que había recorrido anteriormente en dos días. Después de haber acampado en las orillas del otro río [Río de San Lorenzo], colocado centinelas, y dadas las órdenes para la mejor seguridad del real,[68] se retiró a su tienda de campaña y ordenó que se le diera cuenta de cualquier novedad. Un cabo de la escuadra advirtió a su subalterno [Olguín] de la proximidad del enemigo, de quien no había sido previamente consciente. Consideró que era una falsa alarma y una prueba de la falta de valor del jefe de la escuadra, por lo que no informó a su jefe, Don Pedro de Villasur, que sin duda habría reparado el error del subalterno que tanto costó.

---

[68] Campamento.

Esto es, en resumen, la parte más sustancial de los eventos que expongo y presento (con otras cosas que concurrieron cuando llegue el juicio) ante usted con los cuatro o más testigos que escaparon del ataque y que se encuentran en la villa de Santa Fe, y otros que son bien conocidos, a quienes ruego se examinen de acuerdo con el interrogatorio dispuesto en éste, mi juicio, justa propuesta con la que usted puede concluir que tomé la decisión acertada (sin excepción), y aprobada en todo lo relativo a este asunto por parte del señor Marqués de Valero con asegurada prudencia, siendo natural en este señor con el mismo grado que lo es en su señoría. Tengo la firme creencia que la Divina Providencia limpiará mi reputación de toda mancha (porque la justicia está de mi lado). Permita que pueda llegar a sus manos, donde la sabiduría y la piedad son hijas de la gran capacidad de su señoría. En ellas sitúo mi tranquilidad con la certeza de que mi reputación saldrá limpia y que mi opinión y fortuna correrán un camino distinto.

También espero que su gran habilidad, comprensión y buen celo puedan ser medios de conservar la paz en este reino; y, conociendo la bondad de su señoría, creo que usted encontrará los medios para su entera satisfacción. Dios guarde a usted muchos años en los medios y maneras que se conocen.

ANTONIO VALVERDE COSÍO
[Rúbrica]

Auto de Rivera, Santa Fe, 7 de Junio, 1726.[69]

Decreto. Villa de Santa Fe. 7 de Junio, 1726.

Que este escrito se ponga con el auto de notificación del presente informe en el presidio de El Paso del Norte para que pueda comparecer en esta villa en cumplimiento del asunto que contiene.

Señor brigadier y visitador general así lo ordena y lo firma.

PEDRO DE RIVERA
[rúbrica]

Ante mí
FRANCISCO SANZ DE SANTA ANA
[rúbrica]

Sellado el año de 1726. [rúbrica]

Auto:

En la villa de Santa Fe, a veintiocho de junio de 1726, el señor Don Pedro de Rivera, brigadier de los reales ejércitos y visitador general de los presidios del interior de estos reinos de su majestad, testigos:

Considerando que, una de las indicaciones que el señor Auditor General de Guerra expuso, que él seleccionó entre otros a la vista de los diferentes memorandos de testimonios que Don Antonio Cobián Busto comenzó en el reino de Nuevo México para las inspecciones de las administraciones de los ex gobernadores y del que era [gobernador] del reino hasta el pasado año de 1722, es la que él eligió en relación con el caso de la inspección en el momento en que Don Antonio Valverde supervisó este reino. Que en estas peticiones de su excelencia de que el motivo real sea investigado y estableció que el gobernador, Don Antonio Valverde, no había ido personalmente como le fue ordenado por su excelencia, el señor Marqués de Valero, en el reconocimiento del Río Jesús y María, en cuyas orillas estaban situados los asentamientos de la

---

[69] B. Thomas, Alfred. Op. Cit. Págs. 224-225.

Pananas, confederados de los franceses, con quién viven, y con los que atacaron y sorprendieron a los que Don Antonio envió al mando de su teniente general, inexperto en asuntos militares y en el manejo de armas, y debido a su descuido el enemigo mató en el real antes de que pudieran prepararse en orden de batalla, cuarenta y cinco soldados,[70] veteranos de los que habían reconquistado este reino y lo sostenían con mérito. Y que debería haber sido revisada en la inspección que hizo Don Antonio Cobián, la razón que él [Valverde] tenía para no haber obedecido la orden de su excelencia y por no haber ido personalmente en esa campaña, como Don Antonio mismo había ofrecido a hacer. Con esta opinión, su Excelencia estuvo de acuerdo y con este fin las declaraciones juradas que se refieren fueron entregadas a su señoría.

Con el fin de que se realice de la mejor manera posible y que la conducida investigación sea preparada, la citación fue entregada a Don Antonio Valverde y su comparecencia exigida en esta villa para la sustanciación de los cargos de conformidad con lo expuesto. Su señoría ordenó que esta información secreta sea recibida como viene dentro de la naturaleza del juicio de visita de personas que puedan tener conocimiento del caso. Estos fueron juramentados de acuerdo a lo establecido e interrogados con el tenor del mencionado particular, independientemente de lo que Don Antonio expone en el escrito que presentó para que, en vista de lo que pueda parecer que sea adecuado.

PEDRO DE RIVERA
[rúbrica]

Ante mí
FRANCISCO SANZ DE SANTA ANA
[rúbrica]
Escribano Real del Asesor

---

[70] Se mantiene el error. Fueron 34 oficiales y soldados.

Testimonio de Aguilar, Santa Fe, 1 de Julio, 1726.[71]

Sellado para este año de 1726.

En la villa de Santa Fe en el primer día del mes de julio de 1726, el señor brigadier y visitador general, de conformidad con su anterior auto, comparece ante mí Alonso Rael de Aguilar, colono español de esta villa y que había sido soldado de su presidio. Estando presente ante mí, el escribano, recibió el juramento que tomó ante Dios y la imagen de la Santa Cruz. Así exigido, se comprometió a decir la verdad sobre lo que sabía y lo que se le pueda preguntar. Estando informado en cuanto al asunto que contenía el dicho auto, testificó: Aunque el testigo era uno de los que iban en la expedición que el auto menciona, él nunca supo ni había oído manifestaciones del motivo que Don Antonio Valverde tuvo para no ir personalmente en dicha expedición, ni si se abstuvo de hacerlo por causa justificada o sin ella; que de oídas suponía que recibió la orden de ir por el excelentísimo señor, Marqués de Valero, el ex virrey y gobernador y capitán general de estos reinos; que conocía la razón que tenía Don Antonio para haber ordenado la expedición mencionada la cual era que mientras Don Antonio estaba en campaña a lo largo del Río Napestle,[72] un indio de la nación Apache le informó de que los franceses eran vecinos cercanos de los Pananas, quienes lo habían herido con un arma de fuego y habían matado a muchos otros de sus compañeros. Esta noticia él [Valverde] la comunicó a su excelencia y ello originó la mencionada orden.

De acuerdo con ella destacó de este presidio unos cincuenta hombres, según recuerda, puestos bajo el mando de Don Pedro de Villasur, teniente general de Don Antonio Valverde. Ellos partieron de esta villa a los catorce días del mes de junio[73] del pasado año 1720, según recuerda, siendo el testigo uno de los cincuenta soldados, como ha

---

[71] B. Thomas, Alfred. Op. Cit. Págs. 226-228.
[72] Río Arkansas.
[73] La fecha de partida varía entre el 14 y el 17 de junio según la documentación consultada. La más probable es la del 14 de junio.

declarado. Por esta razón, él sabe que ellos emplearon en llegar al Río Jesús y María y a las tierras de los Pananas, sesenta y tres días contados desde el día que partieron de esta villa; que marchaban siempre entre el norte y el este; y que después de haber llegado a la ribera del río se hizo un alto, y a la vista de un pueblo de la nación Panana, que estaba en la otra orilla, el mando de la expedición, Don Pedro de Villasur, envió a un indio de la misma nación que había sido criado entre los españoles y que había sido traído para servir como intérprete. A él, [Villasur] dio algunos cuchillos y algunos paquetes de tabaco para distribuirlos entre los jefes con el fin de complacerlos. Este indio se quedó allí, y uno de los de ese poblado vino, pero fueron incapaces de entender nada de lo que dijo; al día siguiente apareció en la otra orilla del río entre los indios de aquel poblado, el indio mencionado antes que había sido enviado como intérprete. Ellos le preguntaron por qué no había regresado y si había españoles[74] [allí]; y qué condiciones existían para tratar con esa tribu. Él contestó que estaban bien dispuestos y que no sabía si había españoles (que es el nombre que dan a aquellos que son de color blanco), pero que no le permitían regresar.

Sabiendo esto, el jefe de la expedición, como se ha dicho antes, convocó una junta de guerra de los hombres más experimentados que allí había. Aunque Villasur deseaba cruzar a la otra orilla del río para conseguir por sí mismo pruebas que no pudo obtener mediante el envío del intérprete, la junta lo disuadió, señalando el peligro en que se encontraban y el peligro al que estarían expuestos si pasaban a la otra orilla; por otra parte, debido al gran caudal que llevaba el río hubiera sido peligroso vadearlo. Lo que decidieron fue retirarse, renunciar a la empresa, porque parecía que poco se podía ganar y porque los Pananas, habiendo detenido al intérprete indio, mostraron su malicia.

El teniente general, convencido por estos argumentos contrarios, se retiró al río de San Lorenzo, el mismo en el que se había establecido dos días antes. Teniendo hecho el real para esa noche, el testigo dice que un poco después de caer la noche, muchos de sus compañeros oyeron los ladridos de un perro y el ruido de gente que estaban cruzando el río. Esta

---

[74] Ver nota 45.

noticia se dio a conocer al teniente general,[75] quien ordenó a los encargados de la manada de caballos que estuvieran alerta, y envió algunos de los indios (a quienes llevó de este reino) para descubrir lo que estaba ocurriendo a lo largo del río. Estos (a juzgar por lo que aconteció) no investigaron, ya que informaron que no ocurría nada. Con estas afirmaciones la caballería se reunió al amanecer para continuar el viaje. Ellos desensillaron, todos a la vez, para cambiar los caballos.[76] En este mismo momento una horda de hombres que estaban emboscados cerca de ellos atacaron tanto con armas de fuego como con flechas y ocurrió la desgracia que se conoce. Aunque nuestros hombres se defendieron, considerando que eran pocos con respecto a esa multitud, fue imposible de resistir. Los que estaban montados pudieron retirarse rápidamente, pero fueron incapaces de socorrer a los demás, ya que estaban muertos. Los que trataron de resistir escaparon después, rescatando sólo al testigo, que tenía nueve heridas de mucha gravedad. Los indios también le cortaron una trenza de su cabello. Además de esto, el testigo pudo fijarse en esa ocasión otra cosa que ocurrió. Él sabía que los doce[77] que sobrevivieron, fueron capaces de escapar del ataque con el grueso de la manada de caballos, habiendo dejado en el real todo su equipamiento y provisiones; y la de los sesenta indios confederados[78] que los acompañaban, doce o trece murieron en este ataque;[79] y que los soldados que escaparon con el testigo fueron Manuel Tenorio, Felipe Tamariz, Matías Madrid, José Mares, Joaquín Sánchez, Jacinto Perea, Juan Antonio Barrios, Antonio de Armenta, José de Santiesteban, Melchor Rodríguez y Diego Tafoya. No recordaba si hubo alguno más aparte de los mencionados.[80] Que lo que ha dicho y declarado es lo que vio y lo que ocurrió como él lo recordaba y la verdad como prometió en el juramento que le habían tomado. Después de que se le leyó, lo firmó y ratificó. Él

---

[75] Según Valverde, Villasur nunca recibió el aviso porque lo evitó el capitán Olguín.

[76] Cada jinete solía llevar más de un caballo de refresco para no agotar a los animales.

[77] Aguilar se confunde. Fueron catorce los supervivientes españoles.

[78] Denominación dada por los españoles a su aliados indios.

[79] Fueron once.

[80] Hubo dos más que declararon en la investigación abierta en 1720.

declaró que era competente para testificar y que tenía treinta y seis años. Firmó con su señoría, de lo cual doy fe.

    PEDRO DE RIVERA
        [rúbrica]   ALONSO RAEL DE AGUILAR
                                [rúbrica]

                                    Ante mí
                       FRANCISCO SANZ DE SANTA ANA
                                [rúbrica]
                           Escribano Real del Asesor.

Testimonio de Tamariz, Santa Fe, 2 de Julio, 1726.[81]

En la villa de Santa Fe en el segundo día del mes de julio de 1726, el señor brigadier y visitador general en el enjuiciamiento de estas actuaciones llamó a Felipe Tamariz, jefe de una escuadra de la compañía de este presidio y uno de los mencionados por el anterior testigo, que comparece ante él. Al estar presente ante mí, el escribano, recibió el juramento que tomó ante Dios nuestro Señor, y la imagen de la Santa Cruz. Así exigido, se comprometió a decir la verdad respecto a lo que él conocía y se le pueda preguntar. Estando informado del propósito de lo que el Auditor General de Guerra demandaba en el auto precedente, dijo que es cierto que él había sido uno de los soldados que fueron destacados para el reconocimiento del río llamado Jesús y María en el mes de junio del pasado año, 1720; que no conocía y que no había oído la razón que Don Antonio Valverde Cosío, que en aquella ocasión era el gobernador de este reino, tuvo para no ir personalmente en dicho reconocimiento ni si se le ordenó expresamente por el excelentísimo señor, quien era virrey de estos reinos en ese momento. Que lo que el testigo sabía era que el gobernador Don Antonio Valverde había partido el año anterior en campaña y, después de haber llegado a un río (que ellos llaman Napestle[82]) en las tierras de la tribu de Apaches Cuartelejo, se encontró con un grupo de indios Palomas[83] que venían huyendo, derrotados por la nación de los indios Pananas y por los franceses. Entre ellos estaban algunos heridos por disparos a quienes el gobernador, Don Antonio Valverde, examinó. Se enteró de que los franceses se estaban estableciendo en la región del río Jesús y María, en cuyas orillas se asentaban los Pananas. Se dio cuenta de esta investigación a su excelencia de lo que él, el testigo, entendía había dado lugar a la expedición de reconocimiento. En la ejecución de ésta marcharon unos dos meses hasta el décimo día del mes de agosto. Llegaron frente a las rancherías de los dichos indios Pananas. A ellos, el teniente general, Don Pedro de Villasur, envió a uno de los indios confederados que fue traído porque

---

[81] B. Thomas, Alfred. Op. Cit. Págs. 228-230.

[82] Río Arkansas.

[83] También pertenecientes a la nación Apache.

era de la misma nación y serviría como intérprete. El indio fue a decirles que él [Villasur] venía en paz y sólo a conocer los pueblos que podrían haber invadido sus tierras. El teniente general les envió, como prueba de amistad, paquetes de tabaco y otras cosas con las que trató de ganar su favor. El intérprete no regresó y aunque el mismo día vinieron algunos de esa nación, nunca consiguió de ellos ningún motivo para la reserva que mantuvieron. De esto se podía ver que estaban llenos de desconfianza. El teniente general, después de haber celebrado una junta de guerra con Tomás Olguín, su subalterno, y otros oficiales, expresó su deseo de cruzar el río. Ellos ya habían encontrado un vado en el dicho río para hacerlo. Cuando se estaban haciendo los preparativos, los Pananas sorprendieron a algunos de nuestros indios confederados que habían cruzado para bañarse y se llevaron a uno de ellos. Este hecho dio indicación de las peligrosas intenciones que los indios tenían. Debido a esto, sostuvieron de nuevo una junta de guerra y decidieron retirarse. Esto se puso en ejecución al día siguiente y marcharon hasta cruzar el río San Lorenzo y a las cuatro de la tarde se detuvieron en sus orillas. Esa noche, dijo el testigo que estaba con la manada de caballos, un cabo les advirtió que debían tener mucho cuidado porque un ruido había sido escuchado en el río como si gente lo estuviera cruzando. La manada de caballos se había reunido al amanecer; y, en el momento cuando todos los soldados estaban cambiando los caballos, una emboscada de unos quinientos enemigos cayó sobre ellos con armas de fuego, lanzas y flechas. La cercana descarga de fusilería provocó en la manada de caballos una estampida. Como el testigo estaba de guardia sobre ella, él ayudó al resto de su escuadra en detenerla; y, habiéndola parado por un momento, se vieron inmediatamente atacados por un gran número de enemigos, a quienes rechazaron tres veces. El número crecía rápidamente y era tan grande que no pudieron resistir mucho tiempo salvo el necesario para liberar a tres de sus compañeros que, gravemente heridos, se habían escapado del real. Con los indios confederados lograron escapar, se retiraron con la manada de caballos. Además de eso, el testigo no mencionó ninguna otra cosa, excepto que las personas que podrían dar más de una explicación de lo sucedido eran Melchor Rodríguez y los tres que escaparon. Lo que él ha dicho y declarado es la que él conoce que es la verdad, como prometió en el juramento que se le tomó.

Después de que se le leyera, lo firmó y ratificó. Él declaró que era competente para testificar y que tenía cuarenta años de edad. Firmó con su señoría, de lo cual doy fe.

Corregido. Validado.

    PEDRO DE RIVERA
    [rúbrica]

                                 FELIPE TAMARIZ
    ]   [rúbrica]

Ante mí
FRANCISCO SANZ DE SANTA ANA
Escribano Real del Asesor

Confesión de Valverde, Santa Fe, 5 de Julio, 1726.[84]

Confesión:

En la villa de Santa Fe, el quinto día del mes de julio de 1726, el señor Don Pedro de Rivera, brigadier de los reales ejércitos y visitador general de los presidios del interior de estos reinos en nombre de su majestad, de conformidad con su auto precedente, llamó a comparecer ante él al hombre procesado en estas actuaciones con el fin de recoger su confesión. Al estar presente ante mí, el escribano, recibió el juramento que tomó ante Dios y la imagen de la Santa Cruz. Así exigido, se comprometió a decir la verdad respecto a lo que él sabía y en todo lo que se le pudiera preguntar. Estando informado de la finalidad de estos autos y de la opinión expuesta por el auditor general de guerra en la página 89, y siguientes, del archivo de testimonios que contiene una relación de las diversas inspecciones que Don Antonio Cobián Busto había hecho en este reino, las siguientes preguntas le fueron realizadas:

1. Se le preguntó su nombre, de dónde era, estado, profesión, ubicación actual, y la edad. Declaró que su nombre era Don Antonio Valverde Cosío; que era originario de la región de Villa Presente[85] en las montañas de Burgos, reinos de Castilla; que es español, soltero; y que su profesión ha sido la de soldado, después de haber obtenido en este reino los empleos de capitán de sus presidios, gobernador y capitán general del mismo; y que en la actualidad su residencia está en el presidio de El Paso del Río del Norte; y que tiene cincuenta y cinco años de edad. Así responde...

2. Preguntado en virtud de qué título y el número de años que había mantenido el empleo como gobernador de este reino y quién estaba administrando estos reinos, respondió que durante el año de 1716 el excelentísimo señor, Marqués de Valero, siendo gobernador y capitán de éstos reinos, le remitió el nombramiento según consta en los documentos que su excelencia puso a su cuidado en esa villa, los cuales él se ofrece a mostrar, y le confirió al mismo tiempo el cargo de gobernador interino de

---

[84] B. Thomas, Alfred. Op. Cit. Págs. 230-234.
[85] Ver nota 22.

este reino; que estando en posesión real, su excelencia le confirió por real cédula el gobierno en su propio derecho durante el año de 1718 y que lo ejerció hasta que le sucedió el actual gobernador. Así respondió...

3. Fue preguntado por los motivos o causas de la expedición, por los que destacó un número de soldados de la compañía de este presidio y otros que eran indios confederados, con el propósito de reconocer el Río Jesús y María, y para afirmar y declarar la orden que tenía para ello; con lo que él preparó esa empresa; y en qué momento, y el verdadero propósito para la cual iba dirigida. Dijo que el origen de dicha expedición fue que el excelentísimo señor virrey, al verse con un informe del capitán Diego Ramón, ex integrante de uno de los presidios de la provincia de Texas, en el que informó a su excelencia que un número indeterminado de franceses marchaban hacia las minas de la villa de Santa Fe, ordenó al acusado enviar un escuadrón de soldados a reconocer dónde estaban, qué clase de vida perseguían, cuántos eran, y otros particulares, y que de cuanto hiciera informara a su excelencia para que pudiera tomar precauciones. Al recibir la orden con retraso, comunicó a su excelencia que sentía que la temporada en la que se podría ejecutar con seguridad estaba terminada, proponiendo que en la siguiente primavera, si era su parecer, la ejecutaría en persona o a través de la de su teniente general.

Mientras tanto, sucedió que la nación de los Comanches atacó este reino por lo que fue necesario para el confesante, con el fin de evitar la destrucción que amenazaba, celebrar una junta de guerra para determinar el remedio necesario. De esto resultó que era obligatorio salir con armas para detenerlos. Para este propósito, el confesante tomó fuerzas armadas de este presidio y fue en busca de los Comanches, penetrando unas doscientas leguas al noreste. Se congregaron en el sitio conocido como La Jicarilla, en el que indios Apaches en número de cien se ofrecieron como auxiliares al confesante para llevarlo al lugar donde podía encontrar los Comanches. Habiendo llegado al río llamado Casse donde los Comanches normalmente viven, a doscientas leguas de esta villa, y no haberlos encontrado, los Apaches Jicarillas le aconsejaron que debían retirarse, ya que pensaban que los Comanches, al no haberlos encontrado allí, se habrían escondido. A lo que él estuvo de acuerdo porque las provisiones empezaban a escasear y el invierno se acercaba. Ambas razones supusieron claramente un final prematuro de la expedición. Con el fin de retirarse, él convocó un consejo de guerra con los hombres más experimentados que llevaba y acordaron retirarse porque, si no lo hacían en ese momento, la manada de caballos estaría expuesta a la pérdida total ya que la nieve comenzaba a caer. Dirigió su marcha por una ruta diferente hasta un gran río llamado Napestle cerca de El Cuartelejo, un asentamiento Apache de este nombre. Aquí dos indios del asentamiento se acercaron pidiéndole que retrasara de dos días la partida para que su ranchería pudiera llegar ya que las mujeres deseaban verle. Lo hizo a pesar de la escasez de provisiones que tenía.

Habiendo llegado la ranchería, uno de los jefes vino para hablar con él, un herido de un disparo quien le informó que él había sufrido la herida en un encuentro que su nación había tenido por el espacio de un día con la de los Pananas y sus confederados, los franceses. Éstos se escaparon juntos, protegidos por una zanja. Después de lo cual, ellos se marcharon durante la noche del día del encuentro. En esta ocasión el gobernador fue informado de la región en la que los franceses estaban, sus fortificaciones y circunstancias. De ello [parecía] que los franceses se habían establecido con la nación Panana, que tenían casas fuertes con una sola puerta y grandes arcabuces en los techos, que llevaban ropa de color rojo, y tenían mujeres blancas. Después de haber preguntado a los Apaches si los habían visto, me dijeron que no lo habían hecho, pero que sus mujeres que habían estado cautivas y habían escapado, mantienen que es así. Habiendo continuado su marcha y después de haber llegado a esta villa, le pareció al confesante, que la información era lo que su excelencia deseada. Y envió un mensajero para que le informara de lo anterior, indicándole que suspendería la ejecución de la orden que su excelencia había dado al confesante. Todo lo anterior, dijo, aparecerá en su informe al superior gobierno de su excelencia.

No obstante, su excelencia le ordenó por un despacho urgente que verificara lo que él le había mandado, personalmente o por medio de su teniente general, estableciendo el resto de las medidas que él había ordenado, como se desprende del despacho antes mencionado. En cumplimiento, él envió cuarenta soldados y sesenta indios confederados bajo el mando de Don Pedro de Villasur, su teniente general, y su subalterno Tomas Olguín, oficial de este presidio, equipándolos con todo lo necesario y con presentes para congratular a los indios en el acatamiento de la orden particular de su excelencia. Así respondió...

4. Preguntado por qué, ya que lo anterior era una expedición de la importancia que se consideró, a la que debería haber dedicado su atención para su éxito, la confió a su teniente general y no la capitaneó en persona como lo había propuesto su Excelencia, quien la había colocado a su cargo, dijo que la primera razón que tenía para no ir personalmente en dicha expedición fue que se quedó para llevar a término las demás órdenes de su excelencia con respecto a diferentes asuntos que se habían colocado a cuidado del confesante; y el segundo era que tenía confianza en la experiencia y el buen manejo de su teniente general, adquirida en estos reinos en varios destinos en Nueva Vizcaya, donde había cumplido con su obligación. Así respondió...

5. Fue preguntado por qué dice que no fue en persona cuando, además de haber ofrecido a su Excelencia ir en la expedición y de haber recibido la orden de hacerlo, él no cumplió esa orden, confiriéndola a su teniente general, un hombre inexperto en los asuntos militares y el manejo de las armas, y por cuya negligencia muchos de los soldados e indios confederados que le acompañaban murieron sin ser situados en orden de batalla. Dijo que el excelentísimo señor virrey, no había ordenado expresamente al confesante ir en esta expedición, sino que lo dejó a su elección. Él le ordenó ir o enviar a su teniente general, de acuerdo con las precauciones que contenía el despacho, y se ofreció a probar que este teniente general era un hombre formado en la guerra de estos reinos, de probado valor y capacidad, tanto por los verificados puestos que había ocupado como por lo que se desprende de los hechos que se ofrece a presentar. Así responde...

6. Preguntado: Que cómo puede afirmar la buena gestión, la experiencia y la práctica del teniente general ya que tanto la opinión del señor Auditor General y el hecho de la derrota demuestran que era inexperto, y puesto que se deduce de los testimonios e investigaciones hechos en este asunto que don Pedro de Villasur era un hombre de poca experiencia, que había colocado el real en una posición expuesta y no tomó las precauciones que se deben tener, dijo que en relación con la inexperiencia de Don Pedro repitió lo que había manifestado en referencia a la falta de previsión de que se le acusaba, y que demostrará

que el teniente general no fue la causa que condujo a la derrota, sino que había cumplido con su deber, y que todo se puede probar. Así responde...

Se le hicieron otras preguntas e interrogó sobre otros asuntos del caso, y en todo respondió que todo lo que había manifestado y confesado fue lo que sucedió sin tener nada más que declarar, bajo la promesa que ha hecho, que la justifique, y que había dicho y confesado lo que sabe y la verdad como prometió en el juramento que se le tomó. Después de que se le leyera, lo firmó y ratificó y fue firmado por su señoría, de lo cual doy fe.

Atestiguo estando presente. Valido.

    PEDRO DE RIVERA
       [rúbrica]

                ANTONIO DE VALVERDE COSÍO
                       [rúbrica]

                         Ante mí
               FRANCISCO SANZ DE SANTA ANA
                 Escribano Real y del Asesor.

[86]Mandamiento del Virrey Marqués de Casafuerte, México, 29 de mayo de 1727.[87]

[88]Don Juan de Acuña, marqués de Casafuerte, caballero de la Orden de Santiago; comendador de Adelfa, en la de Alcántara, del consejo de su majestad en el supremo de guerra; capitán general de los reales, ejecutor virrey, gobernador y capitán general de esta Nueva España y presidente de la real audiencia de ella [ilegible]. Por cuanto el brigadier don Pedro de Rivera, visitador de los presidios internos de tierra adentro, en virtud de mis órdenes, estando entendiendo en su visita, formó un cuaderno de autos en la villa de Santa Fe, capital de la Nuevo México, siguiendo los que en sumaria había dejado don Antonio Cobián Busto, cuando entendió en visitas aquel reino; cuyos cuadernos se entregaron a dicho brigadier para la conclusión de varios puntos. Y habiendo pasado a dicha villa de Santa Fe, antes de dar principio a su visita, trató de pesquisar el motivo que había tenido el general don Antonio Valverde y Cosío siendo gobernador de aquel reino, para no haber ido en persona, con el destacamento necesario, al reconocimiento del Río Jesús y María, población de los indios de la nación Panana, confederados con los franceses, como había prometido hacerlo al excelentísimo señor marqués de Valero, para cuya empresa le expidió despacho en 26 de septiembre del año pasado de 1720, con inserción de la junta de guerra, formada al asunto, en que se le prevenían órdenes convenientes para su logro; y que por haber fiado esta expedición a don Pedro de Villasur, su teniente general, hombre poco experto en la milicia, acaecieron las muertes de varios soldados veteranos de aquel presidio, que fueron en destacamento a la facción. Y para averiguar la verdad y justificar la culpa de esta omisión, hizo comparecer ante sí, el expresado

---

[86] Los siguientes textos son los originales en español. Aunque se han modificado algunos vocablos para hacerlo más comprensible al español actual, se ha mantenido el estilo literario de la época.

[87] A partir de aquí, no se conservan las firmas ni las rúbricas.

[88] Compilado y Editado por Hadley, Diana; Naylor, Thomas y Schuetz-Miller, Mardith. The Presidio and Militia on the Northern Frontier of New Spain. Volume Two, Part Two. The Central Corridor and the Texas Corridor, 1700-1765. Págs. 276-280. The University of Arizona Press. Tucson . EEUU. 1997.

brigadier, a dicho don Antonio Valverde, y recibida información con varios testigos, le tomó su confesión, en la que hizo presentes los motivos que le habían impedido la salida: la confianza que tenía de dicho don Pedro de Villasur, su teniente, explicando con individualidad, sobre cada una de las preguntas y repreguntas. Y conclusa, por antes de 5 de julio de 1726, se recibió la causa a prueba con cierto término, y se dedujeron dos cargos contra dicho don Antonio: el uno, no haber pasado a dicha expedición personalmente, como ofreció, y se le ordenó; y el otro, el que había fiádola de su teniente, siendo inexperto en actos de milicia y manejo de armas, como se experimentó en el lamentable suceso de tantas muertes, que no hubieran sucedido, si en orden de milicia hubieran procedido. Dada prueba por don Antonio, con nueve testigos que depusieron ante dicho brigadier, al tenor del interrogatorio formado, se alegó por él lo que a su derecho convino. En vista de todo, se proveyó auto por el brigadier, a los 1º de julio del citado año de 1726, en que declaró la causa por conclusa, y en estado de sentencia; en el que la remitió a mi superior gobierno, con su consulta de 24 del mismo mes. Y dada vista al señor fiscal de su majestad, me dio esta respuesta.

Respuesta del Fiscal, México, 23 de Noviembre de 1726.

Excelentísimo señor: El fiscal de su majestad, en vista de estos autos hechos por el brigadier don Pedro de Rivera, visitador de los reales presidios del reino, sobre la averiguación del motivo que tuvo don Antonio Valverde, para confiar la expedición, y reconocimiento del Río Jesús y María, y población de los indios Pananas, confederados con los franceses, a su teniente general, y no haber ido a ella personalmente como se le ordenó por el excelentísimo señor marqués de Valero, de donde se ocasionaron las muertes de muchos soldados. Dice, que de la sumaria culminada por el expresado brigadier, está constante, que el día 14 de junio de 1720, destacó un trozo de cincuenta soldados del presidio de Santa Fe, que fue bajo del comando de don Pedro de Villasur, a fin de ejecutar la referida inspección, donde habiendo llegado, a los sesenta y tres días, fueron insultados de los indios a hora insueta [incierta] de la que regularmente acostumbran sus avances; y atendiendo a que en ese tiempo no se había expedido el despacho de dicho excelentísimo señor, por ser la fecha de él, que se halla en estos autos, de 20 de septiembre del mismo año, en el cual estaba ya muy próxima la facción, por haber sido ésta a los sesenta y tres días de la salida de dicha villa, por lo que no pudo haber llegado a manos del dicho don Antonio, a ocasión oportuna; y cuando hubiese acaecido así, no se prevenía en él, el que por su persona se hiciese el referido reconocimiento; antes sí se aprueba en su narrativa la resolución que expuso de elegir para él a su teniente general; y percibiéndose así mismo de la serie del proceso, no haberse ocasionado por culpa o impericia de éste, los expresados homicidios, sino por la del subalterno, en no haberle participado el rubor que se sintió por la centinela; ni menos por ignorancia en el manejo de las armas, por haberse ejercitado mucho tiempo en diversos empleos militares. "No halla el fiscal mérito por dónde pueda fundar acusación contra el dicho don Antonio, en cuya atención, se ha de servir vuestra excelencia de absolverle de los cargos que se le hicieron por el mencionado visitador, sobre que vuestra excelencia determinará lo que juzgase más conforme a justicia, cuyo cumplimiento pide el fiscal". México y noviembre 23 de 1726. Licenciado Palacios.

Prosigue

Y por decreto de 27 del mismo, mandé se llevasen los autos al señor auditor general de la guerra; quien pidió que para resolver con más pleno conocimiento de la materia, se le llevasen los autos antecedentes; y llevados, pidió después que en esta causa se pusiese copia a la letra del capítulo penúltimo de su parecer de 19 de mayo de 1723, que es en el que se previno, que dicho brigadier don Pedro de Rivera, pesquisase el motivo que don Antonio Valverde, había tenido para no haber pasado personalmente al Río Jesús y María, y lo demás que en él se menciona. Puesto testimonio del dicho párrafo, y vueltos al señor auditor los autos, en su inteligencia, expidió el dictamen del tenor siguiente.

Parecer del Señor Auditor, México, 29 de mayo de 1727.

Excelentísimo señor: Dio cuenta don Antonio Valverde Cosío, gobernador del Nuevo México, que en la campaña a que salió, halló un herido de un fusilazo, que dijo haber recibido de los Pananas, o franceses; y que en la del año siguiente, pasaría por sí, o su teniente general, a reconocer el sitio de los Pananas o franceses. Y en su vista, con acuerdo de junta de guerra, y con el recelo de haber los franceses roto la guerra, se determinó así como ofreció el gobernador, y se libró despacho, en creencia de que sería tan experto su teniente general que pudiese substituir sus veces y desempeñar su oferta. No pudo ir el gobernador y envió a su teniente con los soldados de aquel presidio e indios confederados. Y habiendo llegado a vistas la población de los Pananas, en que habitan franceses, envió un Panana católico, para que a sus nacionales les expresase iban en paz. Quedose entre los suyos, y ellos enviaron a unos indios, con respuesta que no fue entendida, pero sí percibida su reserva y malicia. Determinaba el teniente pasar el río, que dividía su campo de la población, y buscando vado, se supo que los Pananas habían preso en el río a uno, o dos, de nuestros confederados. Con lo que hizo junta de guerra, en que se resolvió la retirada a otro río, distancia de éste un día de camino; y vadeado se asentó el real, y se encomendó la centinela del río a los indios confederados. Y entrada la noche se oyó ruido de nadadores en el río, y con éste, aviso se dio a la escuadra que velaba las caballerías, para que estuviesen con cuidado. Después se oyó ladrar un perro, de que no se hizo aprecio; al amanecer arrimaron las caballerías al real, los soldados de la escuadra, y al remudar todos a un mismo tiempo, los atacaron los Pananas y franceses, que emboscados, esperaron lograr el tiro al menor descuido. Acometieron con fusiles, lanzas y flechas, y al estruendo de los tiros, estampió la caballería; recogiéndola la escuadra que la cuidaba. Y pudo, en tres veces que esta escuadra rechazó a los enemigos, sacar tres heridos, de entre los muertos de nuestro campo, que fueron cuarenta y tantos, y con estos y los indios amigos, se retiró y salvó, según resulta de las declaraciones de seis testigos y de estos los tres soldados, que como inspectores de esta triste tragedia depusieron en la sumaria. Es cierto que cuando don Antonio, por sí hubiese tenido la justa causa que alegó, para no pasar a esta expedición, como ofreció, no la tuvo para fiarla a este teniente suyo, tan poco experto, como manifiesta la serie de este justificado hecho; pues si hubiese sido experto, no hubiera querido, como quiso, pasar el río inmediato a los Pananas, para entrarse en su población con su gente; pues sin tener amistad previamente asentada y seguía [su guía] con ellos; entrarla sin este seguro, era sacrificarla; mayormente cuando estaba conocido el ánimo sospechoso de los Pananas, así en haberse retenido el enviado de los españoles, como en haber enviado al campo de los españoles indios de las reservas, y malicia, que se conoció. Lo segundo, se conoce su inexperiencia de haber enviado a los Pananas a preguntar, qué gente vivía entre ellos, sin tener antes asegurada su buena correspondencia; cuando habiendo entre ellos franceses, y en guerra su nación con la nuestra,[89] era forzoso, que no respondieron a la pregunta sino con las armas. Lo tercero, que declarado más el ánimo, con haber apresado en el río a nuestros confederados, y por esto resuéltose en la junta de guerra la retirada del otro río, debió sobre éste ponerse centinela de nuestros españoles más desvelados, y no confiarse a los indios, que fatigados con la marcha de un día y naturalmente descuidados, era muy contingente y necesario, se rindiesen al sueño, como se experimentó. Lo cuarto, que una vez, que estaba en país enemigo, debió poner piquetes españoles, que observasen el movimiento de los enemigos, ya declarados por sus acciones. Lo quinto, que una vez que se sintió ruido de nadadores en el río, en el silencio de la noche, y que se creyó era de enemigos, debió aumentarse el cuidado, y ponerse centinelas sobre el mismo campo para el aviso. Lo sexto, que una vez que el perro con su ladrido, les dio aviso de sus amos los enemigos, debió despertarlos del descuido en que dormían y mantener unida la escuadra, que estaba en custodia de la caballería, que se les acercó, y no mandarla retirar como se hizo. Lo séptimo, que si esta escuadra sola fue bastante a rechazar tres veces al enemigo, como consta de los soldados testigos de vista de esta acción, forzosamente unida, a todo el campo los haría huir; y no con el descuido

---

[89] En realidad se estaba en tregua.

que tuvo este teniente,[90] por defecto de ciencia y disciplina militar. Sorprendidos a tiro de fusil, flecha y lanza, fueron muertos indignamente con él los soldados de su comando y muchos de los indios confederados, sin que conste hubiesen vendido sus vidas a costa de las ajenas,[91] sino dejando a los enemigos tan barata la victoria, que más pudo creerse triunfo de sus astucias que de sus armas. Este suceso exentoria [ejemplifica] el defecto de experiencia en el teniente, por sus circunstancias, y vence las presunciones del papel, que es testigo de los empleos que tuvo, pero no de sus aciertos; es testimonio de sus honores, que suelen darse "ad honorem", pero no del ejercicio militar, que da las experiencias. Con que sus títulos, que para acreditárselas se presentan, no las prueban, ni releva del cargo que resulta contra el que le eligió, para que pagase todos los daños e intereses que causó con su mala conducta su teniente; porque conforme a derecho, debió elegirle tan idóneo, tan virtuoso, tan prudente, y tan experto, como el mismo gobernador, y por su defecto, se sujetó a esta satisfacción; conforme a leyes plausiblemente practicadas en la cancillería de Valladolid: que condenó en las temporalidades al vicario de un obispo, por no haber ejecutado un despacho de fuerza, y por no haber tenido el vicario bienes, multó al obispo, por la elección que de él hizo. Y la cancillería de Granada multó al señor duque de Béjar, por la que hizo de un juez eclesiástico que no ejecutó otro también de fuerza, como testifica de vista el señor Amaya. Más como pondera tanto estas leyes el señor Amaya, y acusa tan serio el señor Solórzano al general de una flota, que apresó el holandés, por otro descuido semejante a éste.[92] El señor fiscal no acusa a este gobernador por la elección, que para esta expedición hizo de su teniente, porque no estimó por suficientes los méritos referidos de su descuido para argüirla, y pedir él intereses de los daños causados. Se servirá vuestra excelencia de

---

[90] Villasur había caído con los primeros disparos. Difícilmente habría podido organizar la defensa. Además, aunque hubiera seguido con vida, eran menos de cincuenta españoles contra centenares de indios.

[91] El Auditor de Guerra recoge las gratuitas afirmaciones del capitán Martínez. Según los testigos, los que sobrevivieron al ataque inicial se defendieron durante unos minutos causando importantes bajas al enemigo.

[92] El auditor hace referencia a la jurisprudencia existente sobre casos parecidos de elección negligente.

absolver al gobernador don Antonio Valverde, de la instancia de este juicio, y condenarle a que se entregue cincuenta pesos para limosna de misas, por las almas de los soldados muertos en esa campaña; y en ciento cincuenta pesos para ayuda a la compra de cálices y ornamentos para las misiones de la Junta de los Ríos, aplicándose por limosna a los padres misioneros; aplicada también por las almas de estos difuntos, que entregará al reverendo padre Varo, su presidente, de que también enviará recibo, y para ello se libre el despacho necesario; o lo que vuestra excelencia estimare por mejor. México y mayo 29 de 1727. Don Juan de Oliván y Rebolledo.

Prosigue

Con cuyo dictamen me conformé en decreto de 18 del corriente: en su conformidad, y teniendo presentes los fundamentos deducidos por los señores fiscal y auditor general, por el presente absuelvo de la instancia de este juicio al expresado gobernador don Antonio Valverde Cosío, y "le condeno a la exhibición de doscientos pesos, los cincuenta de ellos para la limosna de misas, que se han de aplicar por las almas de los soldados que fallecieron en la enunciada facción; y los ciento cincuenta restantes, para ayuda a la compra de cálices y ornamentos para las misiones de la Junta de los Ríos".

Con la perspectiva que dan los casi trescientos años transcurridos, quizás la condena parezca muy liviana si aceptamos que Valverde era culpable de las acusaciones que se le hacían. Doscientos pesos (cincuenta pesos para limosna de misas, por las almas de los soldados muertos en la campaña y ciento cincuenta pesos para ayuda a la compra de cálices y ornamentos para las misiones de la Junta de los Ríos) sólo sirvieron para infamar su honor el resto de sus días (murió el 15 de diciembre de 1728, año y medio después de la sentencia condenatoria). Pero si analizamos las circunstancias en las que Valverde tomó sus decisiones, casi con toda seguridad concluiríamos que no se le puede hacer tan culpable del desastre. Él confió el mando de tan difícil empresa a su segundo, para no tener que abandonar Santa Fe y dejar sin gobernador los territorios de Nuevo Méjico, además, entregó a sus mejores hombres a Villasur, especialmente al capitán José Naranjo y al intérprete francés Jean L'Archevêque y aprovisionó con todo lo que pudo a la expedición.

La derrota, la más importante sufrida por tropas españolas desde la reconquista en 1692 por don Diego de Vargas, después de la revuelta de los Pueblos en 1680, disminuyó seriamente la confianza de la corona en los administradores de Santa Fe. También ayudó a determinar que la frontera oriental al norte de la Nueva España no se extendería más allá de los límites septentrionales de Nuevo México.

Capítulo 8
LA REPRESENTACIÓN DE LA BATALLA. SEGESSER II

En 1945, Gottfried Hotz, historiador y erudito suizo, miembro y profesor del grupo de estudios Etnológico Geográficos de la Asociación Geológica de Zúrich y conservador del Museo de cultura indígena de América del Norte en la misma ciudad, supo de la existencia de dos conjuntos de pieles pintadas con escenas de batallas en posesión de la familia de origen noble Von Segesser, residentes en la ciudad helvética de Lucerna. En uno de ellos se representa a una partida de indios a caballo, equipados con armamento europeo y atacando a nativos a pie, los cuales son habitantes de un poblado fortificado construido con las tradicionales tiendas "tipi".[93] El segundo grupo de pieles muestra a un puñado de dragones de cuera formados en círculo defendiéndose de la agresión de indígenas completamente desnudos con el cuerpo pintado de diferentes colores a los que apoyan soldados armados con mosquetes. Ambos conjuntos recibieron para su estudio el nombre de la familia que durante más de dos siglos los habían custodiado. La primera pintura, la que representa el ataque de los jinetes

---

[93] Ver nota 38.

sobre los indios a pie se denominó Segesser I. Aunque Hotz estaba convencido de que se trataba de una expedición de castigo dirigida por Valverde contra una tribu hostil, la mayoría de los investigadores no se han puesto de acuerdo sobre el origen de los hechos dibujados y no es objeto del presente libro. El segundo cuadro se llamó Segesser II y tras muchos años de análisis, inicialmente llevados a cabo por Hotz, consiguió la unanimidad de la práctica totalidad de arqueólogos e historiadores de que la escena perfilada son los momentos finales de la trágica expedición de Pedro de Villasur.

Las pieles llegaron a manos de la familia suiza de Lucerna cuando uno de sus antepasados, el jesuita Philipp von Segesser, misionero en la provincia española de Sonora, las envió a sus parientes en Europa a mediados del siglo XVIII.

Philipp nació en 1689. Era el tercer hijo de la numerosa prole (se cree que tuvo 16 hermanos) del matrimonio formado por Heinrich Ludwig Segesser von Brunegg y Catharina Rusconi. Inició sus estudios eclesiásticos en Lucerna y posteriormente ingresó en la Compañía de Jesús en 1717 en la que se ordenó sacerdote en 1721. Tras ocupar diferentes destinos de la Compañía en Europa, en 1729 se trasladó a Cádiz para pasar a América al año siguiente y hacerse cargo de la misión que los jesuitas tenían en san Javier del Bac en Sonora. En 1734 se tuvo que ocupar también de asistir a la misión de los Santos Ángeles de Guevavi y un año más tarde, tras caer gravemente enfermo, fue transferido a la de San Francisco de Borja de Tecoripa donde permaneció hasta 1743. Durante su estancia solicitó ser trasladado a otra misión para descansar de las muchas penurias y enfermedades sufridas durante esos años (ataques de los indios, diversas epidemias, etc.). Aceptada su petición, en noviembre de 1744 se presentó en San Miguel de Ures, un puesto relativamente más tranquilo y localizado en un lugar "más civilizado". Sin embargo, las amenazas de Apaches y Seris continuaron y su situación se complicó cuando en 1750 fue nombrado inspector de las misiones jesuíticas y se vio obligado a viajar por territorio de indios hostiles. La última carta escrita a su hermano Ulrich tiene fecha del 11 de abril de 1761 y fue escrita desde el presidio de San Miguel de Horcasitas,[94] el principal cuartel del capitán general de la provincia. En la misiva, Philipp comunicaba a su hermano que había sido llamado al presidio para trabajar como administrador en la casa del gobernador. Murió en Ures el 18 de septiembre de 1762.

Se desconoce cómo llegaron las pinturas a manos del padre Philipp, pero se tienen noticias por diferentes cartas escritas a su familia, que les envió las pieles en 1758 dentro de un arcón que por múltiples tribulaciones tardó varios años en llegar a Lucerna. El religioso menciona en una de las cartas que el contenido incluía tres conjuntos de pieles con tres escenas diferentes, pero uno de ellos se perdió o fue robado durante el viaje.

La escena que nos interesa para este trabajo es la trazada en Segesser II, en la que el espectador puede ver un enfrentamiento militar que tiene lugar en la confluencia de dos ríos. Al principio, tras su descubrimiento, hubo quien creyó que Segesser II posiblemente fue un encargo de Valverde para señalar a los franceses como los verdaderos culpables de la derrota. Sin embargo, el estudio químico de los colores ha permitido concluir que el pigmento utilizado no existía en Norteamérica antes de 1730 y que por tanto la obra es posterior a esa fecha (recordemos que Valverde murió en 1728).

El cuadro contiene cerca de doscientas figuras humanas divididas entre atacantes y defensores. El motivo cardinal de la

---

[94] Hotz, Gottfried. Indian Skin Paintings from the American Southwest. Pág. 8. University of Oklahoma Press. Estados Unidos. 1970.

acción es un grupo de soldados rodeados por todos lados, disparando mosquetes y blandiendo espadas contra europeos y nativos americanos asaltantes. En el extremo derecho de la pintura, una serie de jinetes vestidos y armados de forma similar a los hombres asediados, cabalgan hacia la acción primordial. El observador contempla la secuencia desde el Norte, por lo que la derecha de la imagen es el Oeste, la izquierda el Este, la parte superior es el Sur y la inferior el propio Norte. El río más próximo al espectador sería el río San Lorenzo (río Loup o Platte Norte) y el más alejado el Jesús y María (Platte o Platte Sur). Si la pintura hubiese sido dibujada a escala, el río Jesús y María no podría aparecer en la escena ya que estaría alejado algunos kilómetros y además, ambas corrientes tendrían que ser más anchas.

La pintura mide 5,18 metros de largo y 1,37 metros de altura. Está dibujada sobre tres pieles de búfalo curtidas y cosidas con tendones. Se desconoce el autor del cuadro pero todo apunta a que fue un indio testigo de la batalla o alguien que habló con los supervivientes de la masacre. El artista empleó pigmentos minerales y tintes vegetales como se desprende del análisis efectuado por especialistas sobre el cuero pintado.

El cúmulo de defensores en el centro es el punto focal de toda la escena. Estos individuos han sido completamente rodeados por la fuerza atacante que parte desde la izquierda después de vadear al río. En el agua se puede ver a un indio nadando al tiempo que trata de evitar que se le moje parte del equipo, lo que nos permite concluir que el río tiene cierta profundidad. Las tropas acosadas están protegidas parcialmente por un parapeto improvisado con sillas de montar y otro equipo diverso que se extiende en semicírculo alrededor del borde superior del campo. Algunos de los atacantes han saltado el escaso parapeto y están luchando cuerpo a cuerpo con los soldados hostigados. En el lado derecho de los combates se está produciendo un contraataque. Unos cuantos jinetes cargan hacia el círculo central, posiblemente con la intención de ayudar a sus camaradas.

Sólo diecisiete figuras han sido dibujadas muertas o gravemente heridas. Doce se cuentan entre los defensores y cinco entre los agresores. Estos últimos efectivamente, están ganando la "partida".

Además de los caballos, están dibujados otros animales típicos de la región. Los árboles al contrario, no representan a una especie en concreto. Según los sobrevivientes, debían haber muchos álamos próximos al río, pero el artista los ha suprimido para hacer visible la escena. Lo mismo ha hecho con las hierbas altas que han sido sustituidas por arbustos que no ocultan el evento que la pintura está "narrando". Lo que más ha llamado la atención de investigadores y expertos ha sido la precisión con la que se han pintado el armamento, uniforme y equipo de las tropas sitiadas que corresponden al de los míticos dragones de cuera. La caballería española en la frontera Norte de Nueva España, el actual Suroeste de los Estados Unidos. Visten sus chaquetillas azules, pantalón "abombachado" de montar, sombrero gacho de ala ancha y se protegen con cueras, el abrigo largo sin mangas confeccionado con varias capas de cuero que les preservaba de las flechas de los indios (un soldado aparece con varias flechas clavadas en su abrigo y sin embargo, continua de pie combatiendo). Las armas que portan son claramente de diseño español e incluso las sillas de montar (incluyendo correajes, estribos, etc.) son las tradicionales españolas usadas en Nuevo México en el siglo XVIII. La mayoría de los soldados del grupo central sostienen un escudo. La clásica adarga española con su característico aspecto acorazonado. En todos los casos correctamente sujetada con el brazo izquierdo por medio de una correa. La escala de cada una de las adargas también está en consonancia con el tamaño de las figuras.

A la izquierda del círculo de defensores se puede ver un caballo muerto y un poco más abajo, junto a una tienda de campaña, yace una figura inerte sin vida que sangra por la nariz y la boca y tiene la cabeza apoyada en lo que parece ser una manta enrollada. Lleva el pelo largo, barba y está vestida con una casaca roja decorada con vivos amarillos (oro). Personifica sin lugar a dudas al teniente general don Pedro de Villasur. A su lado, un soldado trata de ayudarle, podemos deducir que es el capitán Domínguez, subordinado de más confianza del jefe fallecido. A la derecha de la cabeza del caballo muerto y cerca del cadáver de Villasur, el artista ha pretendido destacar con una prominente figura a un veterano luchador. Los indicios apuntan a que podría ser el francés Jean L'Archevêque. Más arriba y a la izquierda de donde están los dragones rodeados, un indio (o mestizo) con lanza, cuera, espuelas españolas de estrella y estribos en forma de cruz usados por la caballería de Nueva España, cabalga hacia la derecha de la imagen. Es a todas luces el mejor equipado de los nativos americanos mostrados en la batalla y seguramente el artista ha querido recordar al capitán Jose Naranjo. A la derecha de la imagen, corriendo hacia el círculo de combatientes, el padre Mínguez con el hábito levantado para protegerse de las flechas, trata de salvar su vida. En el borde derecho se levanta el campamento de los indios aliados y próximos al mismo, unos cuantos soldados y nativos cargan hacia el círculo. Es el cabo Griego que cabalga hacia su fatal destino.

Los indios aliados de los españoles son igualmente encarnados con bastante fidelidad. En contraste con los atacantes Pawnees que van sin ropa, los Pueblos y Apaches son visibles entre los soldados del grupo principal aunque la mayoría están en el lado derecho del cuadro, cerca o entre los dragones montados. Cada aliado nativo también lleva un abrigo de cuero, y a diferencia de las cueras de los soldados, en las de los indígenas se observa en algunas la costura lateral que no existía en aquéllas y que servía para ajustar la prenda. Pueblos y Apaches tampoco portan armas de fuego por el temor que tenían las autoridades españolas a que los indios dispusieran de mosquetes en previsión de posibles revueltas.

La mayoría de los atacantes son indígenas desnudos que tienen pintados sus cuerpos de variados colores y diferentes formas y dibujos (líneas, redondeles, etc.). Cuatro guerreros Pawnees llevan una especie de fajín alrededor de la cintura con los extremos colgando libremente. Podría ser un símbolo de rango e indicar la presencia de algunos jefes o chamanes, puesto que estas figuras son las que han sido trazadas con mayor cuidado. Si no se hubiesen conservado los documentos de la época, difícilmente se habría sabido a qué tribu pertenecían, ya que el tocado de la cabeza, así como las armas que empuñan, podrían relacionarlos con multitud de etnias que habitaban las Grandes Llanuras en el momento que ocurrieron los hechos. También hay soldados europeos vestidos con casacas de diferentes colores, tricornios y disparando mosquetes. Con ello, el autor ha querido denunciar claramente la participación francesa en la emboscada, tema que trataremos en el siguiente capítulo. Los soldados visten casacas muy similares a las usadas por el ejército regular francés a principios del siglo XVIII. Largas hasta las rodillas y con amplias bocamangas. Los botones no son visibles. Sin embargo, la casaca de la infantería francesa de la época estaba abotonada por todo el frente y tenían también botones en las vueltas de los puños. En la cabeza llevan puesto un tricornio o un gorro alto. Muchos soldados blanden espadas, cuernos de pólvora, y el diseño de las bolsas de cartuchos parece la correcta. No obstante, a pesar de estos detalles, la uniformidad de los soldados franceses indica que el artista estaba menos familiarizado con la organización militar francesa que con la española. Mientras los soldados de Nuevo México se representan escrupulosamente, los soldados galos son mostrados con poca exactitud y con multitud de colores en sus ropas que les dan un aspecto más heterogéneo.

Como conclusión podemos decir que Segesser II constituye una descripción bastante fidedigna de los acontecimientos que supusieron la destrucción de la expedición de Villasur. Los episodios más importantes en la pintura, incluyendo la dirección desde donde nace el ataque principal, la confluencia de los dos ríos, el campamento rodeado, la muerte de Villasur, los caballos espantados, los dragones que tratan de socorrer a sus compañeros y todo lo que se ha descrito anteriormente se corresponde con lo relatado por los supervivientes.

Imagen 4. SEGESSER II. Detalle central. Última resistencia
Una visión completa de las pieles puede verse en la Web:
http://www.nmhistorymuseum.org/hides/

Capítulo 9
LA PRESENCIA FRANCESA

La cuestión de la participación de tropas francesas (en Segesser II hay treinta y siete soldados de esa nacionalidad representados) en la batalla ha sido ampliamente discutida por los historiadores. Thomas admite esta posibilidad.[95] El suizo Gottfried Hotz, el investigador que redescubrió las pinturas en Lucerna en casa de la familia Von Segesser y el primero que las estudió, la considera totalmente ficticia.[96] A pesar de lo manifestado por Valverde, el brigadier Rivera y otras autoridades españolas que lo dan por sentado, los testimonios de los supervivientes, transcritos en los legajos que han llegado hasta nuestros días, tampoco son unánimes. Aguilar y Tamariz omiten el hecho en sus declaraciones de 1726 incluidas en el capítulo 7. Martínez por otro lado, la rechaza. En sus argumentos del 13 de Noviembre de 1720 ante el Auditor de Guerra Don Juan de Oliván Rebolledo, afirmó lo siguiente:

"...Estos que sorprendieron a nuestros hombres en el sitio mencionado anteriormente son los mismos indios Pananas que son blancos,[97] visten ropajes, y usan armas de fuego como los franceses, de quienes se las aseguran o las adquieren con el fin de vagar fuera de su

---

[95] B. Thomas, Alfred. Op. Cit. Pág. 38.
[96] Hotz, Gottfried. Op. Cit. Pág. 210.
[97] Uno de los muchos colores con los que los Pawnees decoraban sus cuerpo desnudos.

territorio. "Porque si hubieran sido franceses, no habrían matado a tantos, sino que habrían procurado coger prisioneros y apropiarse de sus caballos de los cuales carecen". Además, sabiendo con seguridad que los españoles recorrieron ocho leguas desde el río hasta el lugar de los combates, al ser infantería francesa no podrían haber hecho tan larga marcha en una noche, y no teniendo caballería para acelerar el viaje, ya que el declarante tiene absoluta certeza de que no había caballos en éstas áreas..."[98]

Francia y España habían firmado en febrero de 1720, seis meses antes de la masacre, el tratado de la Haya que ponía fin a la Guerra de la Cuádruple Alianza. Romper la tregua con un ataque a soldados españoles en América hubiera significado el reinicio de las hostilidades y el país galo era el primer interesado en que ello no sucediera después de las suculentas ventajas que había obtenido tras la firma del acuerdo.

La misma representación de los Pawnees en Segesser II, que no concuerda con la mostrada en los dibujos realizados por diferentes artistas en el siglo XVIII y el carácter heterogéneo de la uniformidad de los soldados franceses que aparecen en las pieles son una prueba de que el autor del cuadro del final de Villasur, tanto si fue un testigo presencial como si habló con algunos de los que escaparon con vida, no vieron de forma clara a sus atacantes. La tensión del momento, la hierba alta, lo sorpresivo del ataque, el humo de la pólvora, el polvo y todo lo que conlleva un enfrentamiento de este tipo, difícilmente les permitiría preocuparse de quiénes eran sus agresores.

Por otro lado, los documentos y cartas francesas de militares y funcionarios galos de sus colonias norteamericanas que comentaron la aniquilación de los expedicionarios, no dicen nada de la intervención francesa en el asalto. Es más, en

---

[98] B. Thomas, Alfred. Op. Cit. Págs. 171-172.

algunos casos parecen argumentar en contra de su participación.

Las preguntas que nos quedan por resolver son obvias: en primer lugar, ¿por qué el artista de Segesser II incluyó soldados galos en su obra? Y en segundo lugar, si los testigos afirman que fueron agredidos no sólo con las tradicionales armas de los indios americanos (flechas, lanzas, hachas, etc.) sino también con disparos, de hecho, el ataque se inició con una descarga de fusilería que produjo un importante número de bajas, ¿quién o quiénes portaban los mosquetes?

La representación de los infantes franceses uniformados puede explicarse por una combinación de diversos factores. Señalábamos en el capítulo anterior, que por el tipo de pigmento utilizado, inexistente en Norteamérica antes de 1730, el cuadro es posterior a esa fecha. Quizá fuera compuesto para que los funcionarios reales pudieran seguir la lectura de todo el expediente (informes, actas del proceso, declaraciones de los testigos, etc.) en el que en gran parte del mismo se sostiene que el asalto se debió a "hugonotes heréticos"[99] cuya insolente audacia ni siquiera perdonó la inocencia del sacerdote que iba como capellán."[100] Por otra parte, era una forma de justificar la derrota de casi la mitad de las fuerzas españolas en Nuevo México, que habría sido inaceptable para las autoridades virreinales si no hubiese actuado una potencia europea, a pesar de que en el asalto arremetieron centenares de indios Pawnees. Para la mentalidad de la época, era casi impensable que "indios salvajes"[101] vencieran en un enfrentamiento a soldados bien entrenados de una nación civilizada. De ahí la insistencia del gobernador de Nuevo México de que se repusieran urgen-

---

[99] Protestantes franceses.
[100] Valverde a Valero. Santa Fe, 8 de Octubre de 1720. En B. Thomas, Alfred. Op. Cit. Págs. 162-167.
[101] Ver nota 34.

temente las bajas con veteranos de las campañas en el Viejo Continente.

Mucho tiempo después de la batalla, gran parte de los administradores españoles seguían considerando cierta la intervención de soldados del país vecino. No obstante, las nuevas alianzas entre España y Francia (los Pactos de Familia) en las diversas guerras que acontecieron el siglo XVIII, condujo a que "el asunto" fuera poco a poco cayendo en el olvido.

En cuanto a la segunda cuestión, ¿quién o quiénes hicieron los disparos?, la primera respuesta podría apuntar a los propios Pawnees. Sin embargo, es difícil aceptar que a principios del siglo XVIII, un gran número de guerreros de cualquier tribu o etnia de la región contaran con mosquetes. Como hemos mencionado en el capítulo anterior, las autoridades españolas eran reacias a que los nativos tuvieran armas de fuego y es casi seguro que las francesas siguieran la misma política, aunque puede que de manera menos rigurosa que las primeras. Si algunos Pawnees se hicieron con armas, ello se debió también a sus intercambios comerciales con cazadores o tratantes de pieles galos conocidos como "coureurs des bois,"[102] término con el que se conoció a los primeros tramperos y comerciantes de pieles en la colonia de Nueva Francia a finales del siglo XVI y comienzos del XVIII, en general aventureros que actuaban individualmente y sin permiso de las autoridades galas.

"Hacia 1690, "coureurs des bois" franceses (exploradores, comerciantes y tramperos) habían recorrido el curso inferior del río Missouri y, probablemente, más al oeste, las Grandes Llanuras. Una serie de mapas publicados por el francés Guillaume Delisle también aportan pruebas de la intrusión francesa en territorio español. En un mapa de

---

[102] "Corredores de los bosques".

1703, Delisle situó correctamente los Pawnees, pero no tuvo en cuenta a los Apaches, a quienes los franceses llamaban Padoucas. Dos de sus mapas posteriores, fechados en 1718 y 1722, localizaban no obstante con precisión ambos grupos indios."[103]

En los últimos años, entre los investigadores estadounidenses que han estudiado la expedición de Villasur empieza a "coger fuerza" la idea de que tal vez no intervinieran tropas francesas, pero no es descartable que sí lo hicieran algunos "coureurs des bois" reticentes a que el poder español se extendiera hacia el interior de Norteamérica y pusiera término a sus ilegales actividades. Esta posibilidad ya la sugirió el historiador William E. Dunn en 1915.

"A pesar de la firme creencia de los habitantes de Nuevo México que la expedición de Villasur encontró la muerte a manos de los franceses, no parece haber ninguna evidencia de que éstos estuvieran interesados en la masacre. De hecho, lo ocurrido tiene toda la pinta de una típica emboscada india. Es posible, por supuesto, que unos pocos comerciantes franceses pudieran haber instigado o incluso haber estado presentes en el ataque, pero en ausencia de prueba concluyentes, debemos conceder a los franceses el beneficio de la duda y absolverles de cualquier responsabilidad directa en la tragedia."[104]

En todo caso, como remarca Dunn, no hay ni una sola evidencia de ello. Los testigos no lo señalan y resulta raro que la característica forma de vestir de los "coureurs des bois" fuera confundida por algunos de los supervivientes con casacas del ejército regular francés. La presencia francesa en los

---

[103] Chávez, Thomas E. The Segesser Hide Paintings: History, Discovery, Art. Pág. 3. University of Nebraska. Estados Unidos. 1990.
[104] Dunn, William E. Spanish Reaction Against the French Advance Toward New Mexico, 1717-1727. En The Mississippi Valley Historical Review. Vol. 2. N°. 3. Pág. 358. Editado por The Organization of American Historians. 1915.

combates o quiénes hicieron un amplio uso de mosquetes contra los hombres de Villasur, seguirá siendo un enigma pendiente de esclarecer por arqueólogos e historiadores.

EPÍLOGO

Las investigaciones de Hotz sobre Segesser I y Segesser II atrajeron la curiosidad de los especialistas y conservadores del museo de Nuevo México ya que representaban acontecimientos de su pasado colonial y formaban parte de su legado histórico español. Muy pronto las autoridades neomexicanas se mostraron interesadas en que las pinturas fueran exhibidas en Santa Fe. Con tal motivo, funcionarios del gobierno estatal entraron en contacto con el entonces propietario de las pinturas André von Segesser.

Sergesser II, que representa el final de la expedición de Villasur, era particularmente interesante porque incorporaba a la escena no sólo a indios de la nación Pueblo, sino a soldados españoles de la Fuerzas Presidiales de Santa Fe. El palacio del gobernador de Nuevo México había sido en tiempos un acuartelamiento (presidio) de los Dragones de Cuera. Se decidió que dicho palacio sería un lugar adecuado para una primera exposición de las pinturas, que recordaban dos hechos de armas acontecidos durante los dos siglos de presencia española desde que don Juan de Oñate tomó formalmente posesión de Nuevo México el 30 de abril de 1598.

André von Segesser atendió con agrado la propuesta del gobierno neomexicano de que las pieles viajaran a la capital estatal. El problema que se planteaba era el de si las pinturas podían ser trasladas y el de si soportarían el rigor del clima del suroeste de los Estados Unidos. Estudiado el caso por especialistas, se llegó a la conclusión de que las obras no se verían afectadas si cruzaban el Atlántico. Garantizado el viaje y que el clima no dañaría los cuadros, el Museo de Nuevo México solicitó a von Segesser que las pinturas fueran expuestas en el palacio del gobernador durante dieciocho meses. Acordado el préstamo, ambos conjuntos de pieles llegaron a Santa Fe el 11 de marzo de 1986. Cuando se mostraron al público, el número de visitantes interesados en conocer el pasado de su estado natal superó todas las previsiones. Historiadores, arqueólogos e investigadores en general, alabaron la decisión de las autoridades nuevo-mexicanas de traer las pinturas para su exposición. Gracias a este éxito se pudo recaudar fondos con la idea de comprar las obras a sus originarios propietarios. A partir del 31 de octubre de 1988, las pinturas pasaron a ser propiedad del Estado de Nuevo México.

El interés por las pieles llevaron a las dirigentes neomexicanos a organizar diversas conferencias y simposios en los que participaron estudiosos y antropólogos llegados de todas partes del mundo. Actualmente son exhibidas de forma permanente en el palacio del gobernador de Nuevo México en Santa Fe. Expertos del museo de Nebraska realizaron una copia de Segesser II al considerar que la misma forma parte de su historia, puesto que los combates ocurrieron en territorio nebraskeño.

Segesser II es también la más completa de las dos pinturas. Sólo una parte de su extremo derecho ha desaparecido y hasta el presente se desconoce su paradero. Por fotos conservadas de la sección perdida se sabe que en ella aparecían indios Pueblos vigilando la manada de caballos.

Las pinturas Segessers son particularmente valiosas para los norteamericanos por las escasas representaciones pictóricas de acontecimientos históricos anteriores a la independencia de los Estados Unidos. Dichos registros visuales son especialmente escasos entre los referidos al suroeste (California, Arizona Nuevo México, etc.). No obstante, no existen composiciones tan grandes y con tanto detalle como Segesser I y Segesser II.

Hasta la fecha, el gobierno español no ha manifestado ningún interés en las pieles para que sean expuestas en España a pesar de que una de ellas ofrece al espectador el relato del sacrificio de un puñado de dragones de cuera a manos de los indios. Como en otras tantas ocasiones, la muerte de soldados españoles en lugares recónditos del planeta en los que ondeó la bandera española, prácticamente no interesa a casi nadie. Ojalá llegue el día en que esta España nuestra, a veces tan poco agradecida, recuerde a estos soldados que cayeron en el cumplimiento del deber.

La expedición de Pedro de Villasur y su desdichado final, así como las implicaciones políticas que la rodearon, es uno de los hechos de armas más destacados ocurridos en el estado norteamericano de Nuevo México, aunque como hemos mencionado, la batalla tuvo lugar en territorio de Nebraska. Su importancia no radica en los aspectos militares, tácticos o estratégicos, sino en cómo cambió la historia de gran parte del Suroeste de los Estados Unidos. España renunció a adentrarse en las Grandes Llanuras, lo que permitió a Francia, gracias a sus intercambios comerciales con los nativos de la región, ocupar territorio que por derecho correspondía a nuestro país. El gobierno galo extendió sus dominios de Nueva Francia[105] hacia el Oeste y Sur norteamericano incluyendo la mayor parte de la cuenca hidrográfica del río Misisipi y todo el terreno al norte del río Arkansas.

La derrota francesa en la Guerra de los Siete Años concluyó con el Tratado de París firmado el 10 de febrero de

---

[105] El actual estado norteamericano de Luisiana pertenecía a esta región histórica, aunque sólo ocupaba una pequeña porción de dicho territorio.

1763, que obligaba a Francia a ceder a España la parte occidental de Nueva Francia como compensación por la pérdida de Florida. Esta cesión es el origen de la Luisiana Española.

Napoleón recuperó el territorio en 1800 por el Tratado de San Ildefonso. Posteriormente, en 1803, lo vendió de manera ilegal al gobierno de los Estados Unidos de América al obviar las cláusulas del acuerdo que establecían que si Francia renunciaba a sus derechos sobre la Luisiana, ésta sólo podía ser devuelta a España.

En 1806, una nueva expedición comandada por el teniente Facundo Melgares (con el tiempo llegaría a ser el último gobernador español de Nuevo México y el primero de la república mexicana cuando alcanzó su independencia) se adentró hasta la región de los Pawnees con la intención de firmar un tratado con los indómitos nativos para detener el avance estadounidense y evitar que se apropiaran de más territorio de la corona. La empresa fue un clamoroso éxito y Melgares regresó a Santa Fe sin ningún percance.

Han pasado casi casi 300 años desde la tragedia de Villasur y sus hombres. El tiempo transcurrido nos facilita hacer especulaciones con lo que habría ocurrido si la misión de don Pedro hubiera terminado con éxito y España se hubiera asentado en el centro del continente norteamericano.

Quizá la historia de los Estados Unidos habría sido diferente.

BIBLIOGRAFÍA

- B. Thomas, Alfred. After Coronado. Spanish Exploration Northeast. Norman University of Oklahoma Press. Second Edition. Estados Unidos. 1966.
- Hotz, Gottfried. Indian Skin Paintings from the American Southwest. University of Oklahoma Press. Estados Unidos. 1970.
- Bandelier, Adolph Francis Alphonse. Papers of the Archaeological Institute of America, American Series. Vol. V. Contributions to the History of the South-western Portion of the United States. The Expedition of Pedro de Villasur. Edita John Wilson and son. Estados Unidos. 1890.
- De Villiers, Marc. Le Massacre de l'Expédition Espagnole du Missouri. Journal de la Société des Américanistes de Paris. Tomo XIII. Págs. 239-255. Edité au Siege de la Société. Francia. 1921.
- Hadley, Diana; Naylor, Thomas y Schuetz-Miller, Mardith (Compilación). The Presidio and Militia on the Northern Frontier of New Spain. Volume Two, Part Two. The Central Corridor and the Texas Corridor, 1700-1765. The University of Arizona Press. Tucson . EEUU. 1997.
- Chávez, Thomas E. The Segesser Hide Paintings: History, Discovery, Art. University of Nebraska. Estados Unidos. 1990.
- Hickey, Donald; Wunder, Susan and Wunder, John. Nebraska Moments. University of Nebraska. Estados Unidos. 2007.

- Kessel, John L. Spain in the Southwest. A Narrative History of Colonial New Mexico, Arizona, Texas and California. University of Oklahoma Press. Estados Unidos. 2002.

- Sandoz, Mari. The Beaver Men. University of Nebraska. Estados Unidos. 1978.

- Dunn, William E. Spanish Reaction Against the French Advance Toward New Mexico, 1717-1727. En The Mississippi Valley Historical Review. Vol. 2. N°. 3. Págs. 348-362. Editado por The Organization of American Historians. Estados Unidos. 1915.